Metodologia do ensino de Língua Portuguesa e Estrangeira

Esta coleção composta de oito títulos discute muitas das questões mais relevantes para aqueles que têm na língua seu objeto de estudo. Professores de Língua Portuguesa e de línguas estrangeiras modernas podem se beneficiar das várias metodologias de ensino contempladas na coleção, que traz, em uma multiplicidade de enfoques, densidade teórica e riqueza na proposição de estratégias pedagógicas dinâmicas. O estudante e o acadêmico da área também encontram nestes títulos teorias e discussões fundamentais em linguística, literatura e tradução.

Estudos Linguísticos: dos Problemas Estruturais aos Novos Campos de Pesquisa

Didática e Avaliação em Língua Portuguesa

A Didática do Ensino e a Avaliação da Aprendizagem em Língua Estrangeira

Produção e Avaliação de Materiais Didáticos em Língua Materna e Estrangeira

Compreensão e Produção de Textos em Língua Materna e Língua Estrangeira

Literatura, Expressões Culturais e Formação de Leitores na Educação Básica

Teoria e Prática da Tradução

Comunicação e Tecnologia no Ensino de Línguas

Luzia Schalkoski Dias
Maria Lúcia de Castro Gomes

Estudos Linguísticos:
dos Problemas Estruturais aos Novos Campos de Pesquisa

3ª edição

Rua Clara Vendramin, 58 . Mossunguê
CEP 81200-170 . Curitiba . PR . Brasil
Fone: (41) 2106-4170
www.intersaberes.com
editora@intersaberes.com

Conselho editorial
Dr. Alexandre Coutinho Pagliarini
Dr.ª Elena Godoy
Dr. Neri dos Santos
M.ª Maria Lúcia Prado Sabatella

Editora-chefe
Lindsay Azambuja

Gerente editorial
Ariadne Nunes Wenger

Assistente editorial
Daniela Viroli Pereira Pinto

Edição de texto
Monique Francis Fagundes Gonçalves

Capa
Denis Kaio Tanaami (*design*)
Pacha M Vector/Shutterstock (imagem)
Charles L. da Silva (adaptação)

Projeto gráfico
Bruno Palma e Silva

Iconografia
Regina Claudia Cruz Prestes

Dados Internacionais de Catalogação na Publicação (CIP)
(Câmara Brasileira do Livro, SP, Brasil)

Dias, Luzia Schalkoski
  Estudos linguísticos : dos problemas estruturais aos novos campos de pesquisa / Luzia Schalkoski Dias, Maria Lúcia de Castro Gomes. -- 3. ed. -- Curitiba, PR : Intersaberes, 2023. -- (Metodologia do ensino de língua portuguesa e estrangeira ; 1).

  Bibliografia.
  ISBN 978-85-227-0525-2

  1. Linguística 2. Linguística – Pesquisa I. Gomes, Maria Lúcia de Castro. II. Título. III. Série.

23-146391   CDD-410

Índice para catálogo sistemático:
1. Estudos linguísticos 410
  Eliane de Freitas Leite – Bibliotecária – CRB 8/8415

1ª edição, 2013.
2ª edição, 2015.
3ª edição, 2023.

Foi feito o depósito legal.
Informamos que é de inteira responsabilidade das autoras a emissão de conceitos.
Nenhuma parte desta publicação poderá ser reproduzida por qualquer meio ou forma sem a prévia autorização da Editora InterSaberes.
A violação dos direitos autorais é crime estabelecido na Lei n. 9.610/1998 e punido pelo art. 184 do Código Penal.

Sumário

Apresentação, 9

Parte I – Os problemas estruturais, 15

Conceitos e história, 19

    1.1 Língua, linguagem, linguística: discutindo terminologia, 19

    1.2 Um pouco de história, 23

    Síntese, 29

    Indicações culturais, 29

Atividades de autoavaliação, 30

Atividades de aprendizagem, 32

Dois grandes momentos da linguística e suas repercussões, 35

2.1 A linguística saussuriana, 35

2.2 A revolução chomskyana, 45

2.3 Funcionalismo *versus* formalismo, 49

2.4 O pós-gerativismo, 51

Síntese, 51

Indicação cultural, 52

Atividades de autoavaliação, 52

Atividades de aprendizagem, 54

Anatomia da língua, 59

3.1 Os componentes da língua, 59

3.2 Léxico mental, 61

3.3 Morfologia, 63

3.4 Sintaxe, 70

3.5 Fonologia, 79

3.6 Semântica, 96

Síntese, 104

Indicações culturais, 105

Atividades de autoavaliação, 105

Atividades de aprendizagem, 107

Parte II – Os novos campos de pesquisa, 109

Pragmática, linguística textual e análise do discurso, 113

4.1 Pragmática, 113

4.2 Linguística textual, 127

4.3 Análise do discurso, 134

Síntese, 140

Indicações culturais, 141

Atividades de autoavaliação, 142

Atividades de aprendizagem, 144

Sociolinguística, neurolinguística e psicolinguística, 149

5.1 Sociolinguística, 149

5.2 Neurolinguística, 156

5.3 Psicolinguística, 159

Síntese, 162

Indicações culturais, 163

Atividades de autoavaliação, 163

Atividades de aprendizagem, 165

Aquisição de linguagem, 169

6.1 Aquisição de língua materna, 169

6.2 Aquisição de segunda língua (ASL), 177

Síntese, 189

Indicação cultural, 189

Atividades de autoavaliação, 189

Atividades de aprendizagem, 192

Considerações finais, 193

Glossário, 195

Referências, 201

Bibliografia comentada, 217

Gabarito, 221

Nota sobre as autoras, 225

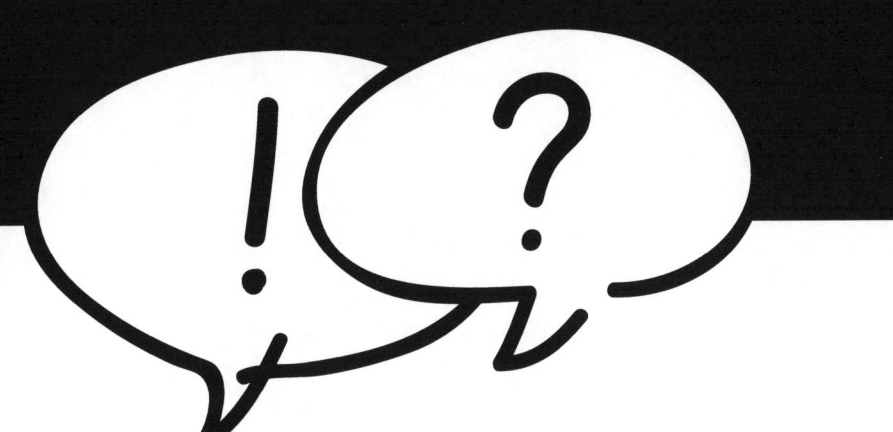

Apresentação

Vivemos um momento de profundas mudanças de paradigmas na educação, fato que leva todos os profissionais da área a uma busca constante de atualização. Muitas pesquisas têm sido conduzidas no sentido de descrever e explicar fatos da linguagem, e resultados desses estudos têm sido utilizados como subsídios para o ensino de língua materna e estrangeira. Por isso, todos nós, envolvidos de alguma maneira com o ensino e a aprendizagem de línguas, temos essa necessidade de constante atualização.

Este livro trata de estudos linguísticos e tem como objetivo fazer uma apresentação sintética das questões mais relevantes contempladas nas diversas áreas da linguística. Cada capítulo traz, primeiramente, uma contextualização histórica e conceitual, seguida de uma seleção de estudos de pesquisadores de destaque nas diversas correntes teóricas da área. Apresentamos aqui um panorama geral dos estudos da linguagem, desde os pré-saussurianos até as incursões mais recentes.

Portanto, se você já fez boas leituras e discussões sobre os campos teóricos dos estudos da linguagem, encontrará neste livro uma oportunidade de revisão, uma possibilidade de reavivar em sua memória os temas estudados ou, ainda, um momento para se atualizar com teorias mais recentes. Por outro lado, se você não teve uma boa introdução aos estudos linguísticos, terá aqui a chance de conhecer um pouco da história, dos conceitos e das correntes teóricas que se desenvolveram ao longo do tempo nesse riquíssimo campo de estudos.

Para tanto, optamos por dividir o livro em duas partes: a primeira dedicada aos problemas estruturais da língua e a segunda, às questões interdisciplinares. Assim, iniciamos o Capítulo 1 discutindo alguns conceitos sobre **língua, linguagem** e **linguística**, para facilitar a compreensão das teorias que se apresentarão mais adiante. Após essa conceituação, segue-se um breve histórico dos estudos linguísticos.

O Capítulo 2 é dedicado a dois grandes momentos da linguística: primeiramente, com **Ferdinand de Saussure**, considerado o pai da linguística moderna, a definição do objeto de estudo dessa ciência – a **língua** – e, depois, com **Noam Chomsky**, a opção pela **competência** linguística, que está, segundo ele, geneticamente instalada na mente dos falantes. O estruturalismo saussuriano e o inatismo de Chomsky serão, então, os temas centrais desse capítulo.

No Capítulo 3, você terá a oportunidade de conhecer, ou revisar, a anatomia da língua, isto é, as bases estruturais que estão na mente do falante: o léxico mental e a estrutura da palavra. São apresentados os conceitos básicos das disciplinas que formam o chamado *núcleo duro* dos estudos linguísticos: a **fonologia**, a **morfologia** e a **sintaxe**. Nesse mesmo capítulo, são abordadas, ainda, algumas questões sobre o mundo dos significados e a interface entre língua e mente, por meio dos estudos da **semântica**. Fechamos, assim, a primeira parte do livro, dedicada aos problemas estruturais da língua, temas aos quais se voltaram os primeiros estudos da área, mas que ainda recebem a atenção de muitos pesquisadores.

A segunda parte desta obra está direcionada aos campos mais recentes da linguística, em sua interface com outras áreas de conhecimento. Iniciamos, no Capítulo 4, com a identificação dos objetos de estudo da **pragmática**, da **linguística textual** e da **análise do discurso**. Apresentamos, ainda, um breve histórico dos estudos mais relevantes em cada área, buscando abrir um caminho para reflexões sobre suas implicações nas práticas de ensino de língua materna e estrangeira no contexto atual do novo projeto educativo em andamento – possibilitar **letramentos*** **múltiplos** (Brasil, 2006, p. 106).

No Capítulo 5, continuamos a delinear esse panorama da interdisciplinaridade, discutindo as principais contribuições da **sociolinguística**, da **neolinguística** e da **psicolinguística**.

Para encerrar esse percurso, no Capítulo 6, analisamos os processos envolvidos na **aquisição de língua materna e de língua estrangeira**, além de destacarmos as principais correntes teóricas que se estabeleceram nesse campo em diferentes momentos históricos e a repercussão

---

* Esse termo veio substituir o conceito anterior de *alfabetização*. Considera-se *letramento* a capacidade de ler e escrever de maneira eficaz. Assim, o processo de aprendizado da língua escrita vai constituir-se a partir da convivência dos indivíduos com diferentes materiais escritos disponíveis e com as práticas de leitura e de escrita da sociedade em que se inscrevem.

de cada uma sobre os métodos de ensino de língua portuguesa e língua estrangeira.

Ao término de cada capítulo, propomos atividades de autoavaliação com gabarito e questões para reflexão. No final do livro, você encontrará indicações de leitura e sugestões para aprofundamento nos temas desenvolvidos em cada capítulo.

Desejamos que você, caro leitor, com as reflexões sobre cada tema contemplado, vislumbre esta maravilhosa ciência – a linguística – e, a partir daí, com as sugestões de leitura, venha a aprofundar seus conhecimentos, para melhor compreender a aquisição da língua e, consequentemente, os processos de aprendizado de uma língua, materna ou estrangeira.

Comentários sobre a edição revisada

Caro leitor, iniciamos esta apresentação dizendo que, vivendo em um mundo de mudanças constantes, no qual novos paradigmas nos são apresentados a todo momento, é preciso estar em constante atualização. Pois bem, aqui estamos para atualizar esta obra, seis anos após a sua primeira edição. De lá para cá, muitas coisas aconteceram nos estudos sobre a linguagem. Não temos a pretensão de abordar todos esses estudos – porque isso seria impossível. Mas mencionaremos aqueles estudos que, de alguma maneira, se relacionam de forma relevante com as questões abordadas na primeira edição deste livro.

No Capítulo 1, acrescentamos mais alguns conceitos de língua e adicionamos algumas informações referentes ao período comparatista nos estudos pré-saussurianos. No Capítulo 2, fizemos poucas mudanças, apenas pequenos reparos para maior clareza do texto e alguns acréscimos de informações que julgamos importantes. Como esse capítulo se concentra nas ideias de Saussure e Chomsky como dois teóricos que marcaram as duas primeiras fases da linguística, consideramos pertinente terminá-lo, nesta nova edição, mencionando o que pode ser considerado a terceira fase, a qual estamos chamando de *pós-gerativismo*. No Capítulo 3, trazemos justamente alguns dos diversos modelos dessa fase pós-gerativa na morfologia, na sintaxe e na fonologia. Na morfologia, antes de tratarmos do pós-gerativismo, porém, vamos abordar a morfologia distribuída e, depois, o conexionismo, a teoria de palavras e regras e a linguística probabilística. Esta última será retomada na sintaxe e na fonologia. Na seção sobre a semântica, adicionamos uma nova seção sobre relações semânticas e outra sobre semântica argumentativa.

No Capítulo 4, ampliamos os conteúdos da teoria dos atos de fala, trazendo a contribuição de Searle (1981 [1969], 1975) sobre os atos de fala indiretos, e os desdobramentos atuais dos estudos pragmáticos. Acrescentamos também uma seção sobre linguística do texto e os gêneros textuais. No Capítulo 5, apenas complementamos algumas informações sobre a variação linguística e a psicolinguística.

Finalmente, no Capítulo 6, expandimos o texto sobre aquisição de língua materna, retomando os pressupostos teóricos do pós-gerativismo, agora com foco na aquisição. Ao tratarmos da aquisição de segunda língua, consideramos também os modelos dinâmicos.

Reiteramos aqui nossa intenção de apenas mencionar determinados autores e teorias de cada área da linguística, de modo a apresentar uma visão bastante geral desses estudos. Esperamos que você, leitor, tome suas decisões no andamento da leitura e faça suas escolhas caso queira aprofundar-se nos temas abordados.

Parte I

Os problemas estruturais

Esta primeira parte do livro terá como foco as questões estruturais da língua. Trataremos dos aspectos que, por serem uniformes e regulares, não dependem do falante. Para situarmos os temas que serão apresentados, iniciaremos com alguns dos principais conceitos na área, seguidos de um pequeno resumo da história da linguística. Em seguida, também com uma perspectiva cronológica, dedicaremos atenção especial a duas importantes figuras da área – Ferdinand de Saussure e Avram Noam Chomsky –, que deram importante contribuição aos estudos da língua. A partir de então, iniciaremos os estudos das estruturas: a morfologia, a sintaxe, a fonologia e, para relacionar a língua ao mundo dos sentidos, a semântica.

Capítulo 1

Muitas vezes, ao lermos sobre determinado assunto, deparamo-nos com termos que, apesar de conhecidos, são usados pelo autor com um sentido específico que, se não for totalmente entendido, impedirá a plena compreensão do texto. Por isso, optamos pela discussão da terminologia já no início do capítulo, seguida de um resumo dos fatos históricos de maior relevância no contexto dos estudos linguísticos.

Conceitos e história

1.1 Língua, linguagem, linguística: discutindo terminologia

Vamos começar nossa discussão lembrando o que Steven Pinker[*] diz sobre a capacidade da linguagem. O ser humano possui uma habilidade tão incrível, mas, ao mesmo tempo, tão natural que, muitas vezes, não

---

[*] Canadense de nascimento, é linguista, psicólogo experimental e cientista da cognição humana, professor na Universidade de Harvard, nos Estados Unidos.

se dá a ela o devido valor. As pessoas, em geral, não param para pensar no milagre que é a capacidade da **linguagem**. Com essa fantástica capacidade, uma pessoa pode gerar imagens na mente de outra com refinada precisão; pode despertar curiosidade, aguçar a imaginação, manipular ideias, mudar atitudes, gerar conflitos, e isso apenas com o uso das palavras (Pinker, 2000a, 2000b).

Costuma-se dizer que a faculdade da linguagem é o fator que efetivamente distingue o homem dos outros animais. É importante separar, no entanto, a linguagem verbal das demais linguagens: a linguagem corporal; as linguagens dos animais, como a dos golfinhos; a linguagem como sistema de notação específica, como a do computador; a linguagem matemática etc. A **linguagem verbal** pode ser considerada o instrumento do pensamento para a interação.

Para existir comunicação verbal, é necessário um código comum entre as pessoas que formam um determinado núcleo social. A esse código, que, segundo Ferdinand de Saussure, é a parte social da linguagem, dá-se o nome de *língua*. Como fenômeno social, a língua é uma instituição autônoma, formada por um conjunto de convenções estabelecido para o exercício da faculdade da linguagem por membros de uma comunidade (Saussure, 1997, p. 17).

As pessoas que formam essa comunidade, entretanto, apresentam comportamentos linguísticos diferentes. Vamos pensar no Brasil, por exemplo. Todos nós falamos a mesma língua, que herdamos dos nossos colonizadores, os portugueses. Todos nós, brasileiros, falamos a língua portuguesa, que é o nosso veículo de comunicação. Isso não significa que falamos, todos, da mesma forma. Certamente, temos diferentes **falares**. Aquele que mora na Bahia não fala igual a quem nasceu no Paraná; os paranaenses, por sua vez, não falam do mesmo modo que alguém do Rio Grande do Sul ou do Mato Grosso. E as diferenças não são somente regionais: dentro de uma mesma comunidade, essas diferenças podem ser também de classes sociais, de classes profissionais, de faixa etária, de gênero, entre outras. Uma pessoa que mora na periferia de uma grande cidade se expressa de modo diferente de um alto executivo de uma importante empresa nessa mesma cidade; um grupo de médicos usa termos diferentes de um grupo de advogados; uma pessoa da terceira idade possivelmente terá dificuldades de comunicação com um grupo de adolescentes. Para caracterizar esses diferentes comportamentos linguísticos e estabelecer a diferença entre a diversidade da linguagem verbal em uma mesma comunidade linguística e o código comum usado por seus membros, Saussure nos apresenta a dicotomia⌧* **língua/ fala** (Saussure, 1997, p. 23).

A **língua**, de natureza social, é homogênea e dotada de ordem, unicidade e sistematização. A **fala**, de caráter individual, é heterogênea, múltipla e desordenada. Sua função é fazer a ligação do indivíduo com a forma, o sistema⌧ de uso coletivo, isto é, a língua. Língua e fala, segundo Saussure, são as duas dimensões da linguagem humana.

Na mesma linha de Saussure, meio século mais tarde, isto é, em meados do século XX, Avram Noam Chomsky estabelece como seu objeto de estudo aquilo a que chama *Língua-I*, a língua internalizada na mente/cérebro do falante por sua **competência** linguística, herdada geneticamente. A competência, isto é, o conhecimento linguístico do falante – a Língua-I –, opõe-se ao **desempenho**, que se refere ao uso que o falante faz da língua. Língua-I é a representação da competência sintática do falante, diferente da chamada *Língua-E*, que é um objeto gramatical externo, observável (Kato, 1998).

---

* A presença do ícone ⌧ indica a inclusão do termo em questão no "Glossário", ao final da obra.

Além dos conceitos saussuriano e chomskyano, muitos outros autores trazem suas visões sobre língua, oferecendo ricas contribuições para a construção de aparatos teóricos sobre a linguagem humana.

Criticando a dualidade língua/fala de Saussure, Coseriu (1973) traz a ideia de um terceiro nível, que estaria entre a língua e a fala. A **língua** seria a ponta mais abstrata e a **fala**, a outra ponta, mais concreta; entre as duas, o autor insere a **norma**, que, num nível intermediário, seria a realização coletiva do sistema. Nos termos de Coseriu, a língua seria o virtual coletivo, a norma o real coletivo e a fala o real individual.

Discutindo sobre a estruturação do trabalho pedagógico no ensino de línguas, Travaglia (1997) apresenta três perspectivas conceituais para língua. A primeira concebe a língua como expressão do pensamento e foi base para o ensino da gramática tradicional, com enfoque prescritivo-normativo. A segunda concepção tem a língua como meio de comunicação, sendo um código pelo qual um emissor transmite uma mensagem a um receptor. E, finalmente, na terceira perspectiva, a língua é tida como ação, atividade de interação humana em que o sujeito constrói sua história pelas práticas sociais.

Seja qual for a concepção que se tenha de língua ou linguagem, seu estudo científico é feito pela **linguística**, que é parte de outra ciência, chamada de *semiótica* ou *semiologia*[11]. Enquanto a semiótica estuda qualquer sistema de signos, a linguística estuda cientificamente as línguas naturais, explicando seus fenômenos e os processos de aquisição de linguagem pelo ser humano.

As línguas naturais podem ser estudadas por meio de diferentes pontos de vista, e a linguística pode ser dividida em diversos subcampos. Saussure foi o primeiro a separar os objetos de estudo e a propor a existência de duas linguísticas, acreditando ser impossível trilhar os dois caminhos ao mesmo tempo, o da língua e o da fala. O autor admite que "esses dois objetos estão estreitamente ligados e implicam-se mutuamente; a língua é necessária para que a fala seja inteligível e produza todos os seus efeitos; mas esta é necessária para que a língua se estabeleça" (Saussure, 1997, p. 23); prioriza, contudo, o estudo da língua, fixando nesta seu objeto observacional.

1.2 Um pouco de história

Como foi possível constatar pela exposição anterior, os estudos científicos da linguagem começaram a partir de Saussure, quando se colocou a língua como objeto de estudo da linguística, que passa a ser uma disciplina autônoma a partir de então. Porém, os estudos da linguagem já existiam bem antes disso. Agora, discorreremos brevemente sobre os diversos momentos por que têm passado os estudos linguísticos no decorrer da história, desde a época dos filósofos gregos até a atual.

Os estudos pré-saussurianos podem ser divididos em três fases: a **filosófica**, a **filológica** e a **histórico-comparatista**. A primeira inicia-se com a associação da palavra à ação – a palavra era usada para persuadir. Platão foi o primeiro a associar a palavra ao objeto que o nomeia, tentando buscar uma razão para o nome de cada coisa. Contrário a essa ideia, Aristóteles entendia que o pensamento precedia à nomeação e que as palavras eram criações humanas, não imitações das coisas que nomeiam. Nessa fase, as discussões sobre a linguagem eram desprovidas de bases científicas, mas foram de fundamental importância para muitos estudos posteriores, principalmente na França. Em 1660, dois franceses criaram uma gramática geral, a famosa *Grammaire de Port Royal*, que, coincidindo com o racionalismo[m] vigente na época, visava demonstrar que a linguagem é a imagem do pensamento.

A segunda fase, a filológica, ocupa-se apenas da língua escrita, buscando interpretar e criticar textos literários. Os gramáticos alexandrinos deram aos estudos da linguagem uma perspectiva normativo-prescritiva, preocupando-se com as formas gramaticais e desenvolvendo estudos a partir de diferentes aspectos: a morfologia, a sintaxe e a fonética (Carvalho, 2003, p. 19). A limitação desse estudo à crítica literária abriu espaço para uma nova fase, mais preocupada em **fazer ciência** (Borges Neto, 2004, p. 55), a histórico-comparatista.

A descoberta de Sir William Jones, em 1786, de que o sânscrito, uma antiga língua da Índia, apresentava relações de parentesco com o latim, o grego, as línguas germânicas e as célticas deu início a uma fase de reconstrução de uma língua originária, o protoindo-europeu. Porém, o real fundador da linguística comparativa foi Franz Bopp (1791-1867), que, em seu livro sobre o sistema de conjugação do sânscrito, inicia uma nova forma de **fazer linguística**. Fixou-se como objeto de estudo a comparação entre as línguas, uma vez que a única preocupação era a descrição dos fatos linguísticos, diferentemente dos estudos da fase anterior, em que se privilegiou a abordagem prescritiva. A intenção de Bopp em seus estudos foi, fundamentalmente, estabelecer parentesco entre as línguas, sem preocupação de determinar uma relação cronológica entre os textos que analisava. Contemporâneo de Bopp, por outro lado, Jacob Grimm (1785-1863), um dos irmãos que ficaram famosos por coletar histórias tradicionais infantis, estabelecia sempre uma sucessão histórica das formas linguísticas que comparava, pois sua intenção era demonstrar as mutações regulares das línguas no tempo. Outro linguista importante dessa época foi August Schleicher (1821-1867), que incorporou uma orientação fortemente naturalista aos estudos histórico-comparatistas, segundo a qual as línguas nascem, crescem e morrem (Faraco, 2005).

Contrários aos estudos tradicionais de base descritiva da linguística histórico-comparativa, e também criticando a base biológica da língua, aparecem os neogramáticos, que definem uma orientação metodológica para a interpretação da mudança linguística. Para autores como

Hermann Ostoff (1847-1909) e Karl Brugmann (1849-1919), "a língua tinha de ser vista ligada ao indivíduo falante. Com isso, introduzia-se uma orientação psicológica subjetivista na interpretação dos fenômenos de mudança" (Faraco, 2005, p. 34).

Duas posições divergentes tomadas pelas diferentes correntes da fase histórico-comparativa buscam explicar as mudanças linguísticas. Uma delas define que a língua é um reflexo dos fatos histórico-culturais de seu povo, e a preocupação se dá com a variação linguística no espaço e no tempo e as influências dos fatores sociais, históricos, geográficos e psicológicos, externos à língua. A outra, de base biológica, estabelece que a língua é um organismo vivo, com existência própria e as mudanças acontecem por força de princípios invariáveis e idênticos às leis da natureza (Faraco, 2005, p. 33). Com a oposição entre essas duas vertentes comparatistas, inicia-se um debate que vai resistir até os nossos dias: *nature* (natureza) *versus nurture* (criação, ambiente); o inato *versus* o adquirido, o biológico *versus* o social, questões que serão abordadas em outros pontos deste livro.

Esses gramáticos comparatistas e neogramáticos são os verdadeiros precursores da linguística moderna, pois a formação acadêmica de Saussure aconteceu na atmosfera científica da época e seus únicos trabalhos escritos foram alguns artigos de gramática comparada. Seu célebre livro *Cours de linguistique génerale* (*Curso de linguística geral*) foi, na verdade, escrito após sua morte por dois de seus alunos, com base em anotações colhidas em aulas dos três cursos de Linguística Geral ministrados por Saussure na Universidade de Genebra, entre 1906 e 1911. Embora o livro não tenha sido escrito por ele, suas ideias revolucionárias, em oposição ao método histórico-comparatista, passaram a influenciar todo o pensamento linguístico ocidental (Carvalho, 2003, p. 25-26).

Ao criticar o método exclusivamente comparativo por jamais se questionar a que levariam as comparações que se faziam (Saussure, 1997,

p. 10), Saussure delimita o objeto de estudo da linguística: a língua. Inicia-se, então, com posição fundamentalmente estruturalista, a **linguística descritiva**, que foi um terreno fértil para muitos estudos, principalmente nas áreas da fonética, da fonologia, da morfologia e da sintaxe (Marcuschi; Salomão, 2005, p. 16).

Podemos afirmar que dois **estruturalismos** se desenvolveram dentro da linguística na primeira metade do século XX: o **estruturalismo europeu**, fundamentado nas ideias de Saussure, e o **estruturalismo americano**, que associou seu descritivismo à corrente behaviorista da psicologia.

Na Europa, os maiores representantes dessa corrente teórica foram os linguistas de Praga*, principalmente os russos Nicolai Trubetzkoy e Roman Jakobson, o dinamarquês Louis Hjelmslev e o francês André Martinet. Nos Estados Unidos, muitos trabalhos de descrição de línguas foram realizados não sob influência de Saussure, mas de Leonard Bloomfield, que publicou, em 1933, o livro *Language (Linguagem)*, no qual estabeleceu uma série de regras para a descrição de línguas. Sua ascendência sobre os demais linguistas foi tão grande que os 20 anos que se seguiram ficaram conhecidos como a *"era Bloomfield"*. O estruturalismo europeu pregava a existência de

> [uma] estrutura relacional abstrata que é subjacente e deve ser distinguida dos enunciados reais – um sistema que subjaz ao comportamento real – e de que ela é o objeto primordial de estudo do linguista.
> [Na América, os estruturalistas bloomfieldianos adotaram] [...] uma

---

* "A Escola Linguística de Praga desenvolveu-se entre as duas guerras mundiais, e beneficiou-se do fato de ter conseguido harmonizar os ensinamentos de Saussure com outra importante linha de reflexão sobre a linguagem, a do psicólogo vienense Karl Bühler" (Ilari, 2005, p. 69).

abordagem behaviorista do estudo da língua, eliminando, em nome da objetividade científica, toda referência a categorias mentais ou conceituais. (Weedwood, 2002, p. 128-131)

O estruturalismo iniciado com as dicotomias saussurianas, que abordaremos no capítulo seguinte, floresceu enormemente nos dois lados do Ocidente, mas não lhe faltaram opositores, como Noam Chomsky, linguista americano, professor no Massachusetts Institute of Technology (MIT).

Se, para Saussure, a língua, como estrutura[n], é um sistema, para Chomsky, ela é um conjunto de regras presentes na mente/cérebro dos falantes. Essa ideia dá um caráter psicológico ao conhecimento linguístico (Borges Neto, 2004, p. 55). Para Chomsky, todos nós nascemos com uma gramática internalizada, um dispositivo de aquisição de linguagem que está em nosso cérebro/mente e que nos permite criar e compreender um número infinito de sentenças[n] de nossa língua. Para melhor definir esse conhecimento linguístico inato, Chomsky apresenta a dicotomia **competência/desempenho**. A **competência** é a capacidade do ser humano para desenvolver, nos primeiros anos de vida, a gramática de sua língua, independentemente de ensinamentos, com base apenas em amostras de fala, muitas vezes fragmentadas, no ambiente em que se desenvolve. O **desempenho**, por sua vez, é o uso que o falante faz do conhecimento linguístico, sujeito a influências de fatores extralinguísticos, como questões sociais e emocionais. Chomsky escolheu a competência como seu objeto de estudo. No Capítulo 2, assim como faremos em relação ao estruturalismo saussuriano, conferiremos especial destaque ao gerativismo de Chomsky.

Ao contrário desses dois grandes mestres que optaram pela homogeneidade do objeto, Saussure com a língua e Chomsky com a competência, outros buscaram na heterogeneidade interdisciplinar a compreensão dos complexos fenômenos da linguagem, colocando o foco nos **falantes**.

Ao se voltarem para o **falante real**, ser psicológico e social – e por isso envolto em complexidade –, os estudos linguísticos têm caminhado em direção a parcerias que permitam "explicar" o uso da linguagem pelos falantes em seus mais diferentes vieses. Surgem, então, teorias adeptas de uma tendência "sociologizante" (Borges Neto, 2004, p. 60), que buscam relacionar as expressões linguísticas ao uso que os falantes fazem delas – vinculando-se à filosofia da linguagem – ou que se interessam pelas determinações sociais que a escolha das formas linguísticas usadas carrega – vinculando-se à sociologia.

Os filósofos John Austin e John Searle, com a teoria dos atos de fala, inserem-se nas teorias do uso (ver Capítulo 4). Na sociolinguística, Willian Labov, ao teorizar a variação e a mudança linguística, com base em conhecimentos da sociologia, torna-se o principal representante do estudo da língua na relação com seus usuários e a sociedade (ver Capítulo 5). Podemos, ainda, citar como exemplo dessa tendência interdisciplinar a análise do discurso, a qual "se constitui no espaço de questões criadas pela relação entre três domínios disciplinares [...]: a Linguística, o Marxismo e a Psicanálise" (Orlandi, 2003, p. 19). Assim, os estudos discursivos surgem como uma reação à concepção da língua como um sistema autônomo, vigente no cenário estruturalista, (re)introduzindo nos estudos linguísticos as noções de sujeito e de condições de produção. As perspectivas abertas com os estudos de Émile Benveniste sobre a subjetividade e a enunciação mostraram-se centrais para as investigações posteriores na análise do discurso (ver Capítulo 4). Conforme aponta Orlandi (2003, p. 19), os estudos discursivos vão buscar no marxismo a noção de materialismo histórico, procurando relacionar a língua com a história na produção de sentidos, tendo em vista, assim, compreender a língua não só como estrutura, mas principalmente como acontecimento. Nesse ponto, acrescenta-se a contribuição da psicanálise com a noção de sujeito que se constitui na relação com o simbólico, na história.

Neste livro, optamos por apresentar os diversos subcampos da linguística, conforme já explicado no início. Na primeira parte, enfatizaremos os estudos da língua ou da competência do falante, enquanto, na segunda, daremos destaque aos campos da linguística que tratam da fala ou do uso que os falantes fazem do seu conhecimento linguístico. Assim, pensamos oferecer um caminho para compreender essa incrível capacidade do homem – a linguagem e seu uso.

Síntese

Com este capítulo introdutório, procuramos apresentar uma pequena amostra dos diversos caminhos trilhados pelos estudiosos da linguagem em todos os tempos. Comentamos acerca dos principais termos por eles usados para explicar suas teorias e traçamos um resumo da história da linguística, visando preparar o terreno para abordar os fatos da língua e da fala.

Nos próximos capítulos, os temas aqui iniciados serão retomados para oferecer uma noção mais aprofundada dessas diversas trilhas. Com isso, pretendemos despertar no leitor a curiosidade e o desejo de aprofundamento, que pode ser obtido desde já por meio da realização das leituras indicadas.

Indicações culturais

ABRALIN – Associação Brasileira de Linguística. Disponível em: <http://www.abralin.org/site>. Acesso em: 4 maio 2015.

APL – Associação Portuguesa de Linguística. Disponível em: <http://www.apl.org.pt>. Acesso em: 4 maio 2015.

SCIELO – Scientific Electronic Library Online. Disponível em: <http://www.scielo.br/scielo>. Acesso em: 4 maio 2015.

Esses são *sites* imperdíveis para os interessados em estudos linguísticos.

Atividades de autoavaliação

1. Assinale com V (verdadeiro) ou F (falso) as afirmações a seguir:
   ( ) A língua, na concepção de Saussure, é uma entidade abstrata, autônoma e de natureza social.
   ( ) Antes dos gramáticos comparativos, nunca houve estudos sobre a linguagem humana.
   ( ) A linguística moderna se inicia com Saussure, que teve sua formação acadêmica em meio aos estudos da gramática comparada.
   ( ) Para Saussure, a língua é um sistema, enquanto, para Chomsky, ela é um conjunto de regras na mente do falante.
2. Nas afirmações a seguir, referentes à história da linguística, assinale com V as verdadeiras e com F as falsas:
   ( ) A formação acadêmica de Saussure aconteceu no período do comparativismo.
   ( ) Os maiores representantes do estruturalismo europeu foram os linguistas da Escola de Praga, seguidores das ideias de Saussure, enquanto o estruturalismo americano teve Bloomfield como o linguista mais influente.
   ( ) Antes de Saussure, os estudos linguísticos passaram por três fases: a filosófica, a filológica e a histórico-comparatista.
   ( ) Sir William Jones foi o fundador da linguística comparativa.

3. Considerando as dicotomias de Saussure e de Chomsky, assinale com V (verdadeiro) ou F (falso) as definições a seguir:
( ) A linguagem verbal é o instrumento do pensamento para a interação.
( ) A fala, de natureza social, é homogênea e dotada de ordem, unicidade e sistematização.
( ) A língua, de caráter individual, é heterogênea, múltipla e desordenada.
( ) Competência é a capacidade inata do ser humano para o desenvolvimento da linguagem.

4. Assinale a afirmação correta:
a) Semiótica e semiologia são duas ciências que têm objetos de estudo diferentes dentro da linguística.
b) Para Chomsky, todos os seres humanos nascem com capacidade para o desempenho linguístico.
c) O objeto de estudo da terceira fase pré-saussuriana foi a comparação entre as línguas.
d) O estruturalismo foi uma corrente teórica fundamental para o desenvolvimento dos estudos linguísticos na Europa, mas não teve sucesso na América.

5. Marque a opção **incorreta**:
a) Noam Chomsky criticou o descritivismo americano, que já durava mais de 20 anos quando apresentou sua teoria inatista.
b) Um ponto em comum entre as teorias de Saussure e de Chomsky foi a homogeneidade do objeto de estudo escolhido por um e outro.
c) Labov foi um dos principais teóricos dos estudos que conectam a linguística com a sociologia.
d) A análise do discurso, embora centralizada na questão do sujeito, não se insere na tendência interdisciplinar.

Atividades de aprendizagem

Questões para reflexão

1. Considerando-se a distinção entre os termos *língua* e *fala* apresentada por Saussure, por que se define a fala como heterogênea, múltipla e desordenada? Encontre fatos concretos que exemplifiquem essa definição.
2. Por que Saussure, mais de meio século depois de seu desaparecimento, ainda é estudado com respeito, cuidado e atenção?

Atividade aplicada: prática

1. Se você tiver contato com livros bem antigos para ensino de língua portuguesa ou de alguma língua estrangeira, analise suas atividades e busque encontrar alguma característica da história da linguística que apresentamos neste capítulo.

Capítulo 2

Agora que já abordamos conceitos básicos e a trajetória dos estudos linguísticos até os dias de hoje, podemos iniciar nossas discussões sobre as teorias que buscam descrever e explicar, cada uma com seu objeto, fatos da linguagem. Neste capítulo, daremos atenção especial a dois importantes momentos da linguística como disciplina autônoma. Primeiramente, trataremos dos fundamentos metodológicos da linguística saussuriana, apresentando as principais ideias daquele que é considerado o pai da linguística moderna, Ferdinand de Saussure. Na sequência, direcionaremos nossa atenção ao pensamento daquele que, como Saussure, revolucionou os estudos linguísticos, Noam Chomsky, certamente o mais influente linguista da segunda metade do século XX. Ao mesmo tempo que apresentaremos as principais ideias desses dois ícones da linguística, traremos também críticas a eles dirigidas e algumas repercussões de seus trabalhos.

Dois grandes momentos da linguística e suas repercussões

2.1 A linguística saussuriana

Ferdinand de Saussure, linguista suíço, como já mencionamos anteriormente, teve sua formação acadêmica numa época em que a ciência conquistava êxitos marcantes (final do século XIX) e os estudos linguísticos eram dominados pelo comparativismo indo-europeu, que trouxe cientificidade, já existente em várias outras áreas, também para a linguística. Saussure, no entanto, embora admitisse o "mérito incontestável" do comparativismo por abrir um campo fecundo para os estudos linguísticos, criticou-o por não se preocupar em determinar a natureza de seu objeto de estudo (Saussure, 1997, p. 10). Considerando que a escola comparatista não chegou a constituir uma verdadeira ciência da linguagem, podemos afirmar que esse estudioso colocou ordem nos estudos linguísticos, definindo um caráter metodológico para eles.

Em primeiro lugar, Saussure tratou de definir uma terminologia que desse objetividade às descrições dos fatos em estudo, uma metalinguagem que pudesse explicar os fenômenos linguísticos de forma racional. Criou, então, as famosas **dicotomias saussurianas**, as quais serão analisadas na sequência.

2.1.1 Língua *versus* fala

A essa dicotomia já nos detivemos um pouco no Capítulo 1, talvez o suficiente considerando as poucas pretensões deste livro em termos de profundidade teórica. Mas, de qualquer forma, vale gastar um pouco mais de tempo na discussão em torno desses termos, pelo seu caráter fundamental dentro da teoria.

Saussure afirma que "a linguagem tem um lado individual e um lado social, sendo impossível conceber um sem o outro" (Saussure, 1997, p. 16). Para a distinção entre esses dois lados da linguagem, e para o estabelecimento de um único e verdadeiro objeto de estudo para a linguística, Saussure nos apresenta a dicotomia *langue/parole* (língua/fala). A **língua**, de natureza social, passa a ser o único e verdadeiro objeto da linguística, não devendo ser confundida com a **fala**, a qual, embora fundamental para que a língua se estabeleça, é, para Saussure, individual e de natureza secundária, sendo considerada múltipla, imprevisível, irredutível a uma pauta sistemática.

No livro *Curso de linguística geral*, escrito por dois de seus discípulos, podem ser identificadas três concepções básicas de língua: acervo linguístico, instituição social e realidade sistemática e funcional (Carvalho,

2003, p. 58). Como acervo linguístico, a língua é uma realidade psíquica que está depositada no conjunto de cérebros dos indivíduos de uma mesma comunidade, uma realidade formada de significados e imagens acústicas, um verdadeiro sistema gramatical na mente/cérebro de cada falante dessa comunidade. Ao mesmo tempo que é um acervo que pertence a todos os falantes, ela não está completa em nenhum deles; só existe como um todo no "conjunto de cérebros", como "uma espécie de contrato estabelecido entre os membros dessa comunidade – uma verdadeira instituição social. A terceira e mais importante concepção diz respeito à noção de realidade sistemática, isto é, à concepção de que a língua é um sistema de signos que exprimem ideias" (Saussure, 1997, p. 22-24). A língua diz respeito ao sistema, ou seja, às "regras do jogo", enquanto a fala se refere aos possíveis usos do sistema, às mensagens às quais ele serve de suporte (Ilari, 2005, p. 58).

2.1.2 Sincronia *versus* diacronia

Se para Saussure a língua era um sistema, o estudo desse objeto também deveria ser sistemático, científico. Para ele, o linguista deveria ignorar o passado e penetrar na consciência dos indivíduos que falam, para estudar objetivamente os fatos da língua naquele momento. Com essa colocação, rompe com a tradição dos comparatistas de empreender estudos históricos e introduz uma segunda dicotomia: **sincronia/ diacronia**. A **sincronia**, a qual passa a ser a sua perspectiva de investigação, é a forma de tratar os fenômenos da língua em um determinado ponto no tempo. A **diacronia**, método tradicional da linguística comparativa, preocupa-se com os fatos históricos, com a evolução das línguas. Segundo Saussure, os acontecimentos diacrônicos têm sempre caráter acidental e particular, enquanto a sincronia confere ordem, princípios e regularidade às descrições.

Essa dicotomia foi amplamente aceita, inclusive por linguistas norte-americanos, por conferir prioridade à pesquisa descritiva em detrimento da pesquisa histórica, com base no entendimento de que o estado sincrônico da língua, como pensava Saussure, é a única forma de estudá-la sistematicamente (Carvalho, 2003, p. 83).

2.1.3 Signo – significado *versus* significante

Para delimitar seu objeto de estudo na *langue* e conferir cientificidade ao método, Saussure dá ao signo linguístico uma concepção que vai além da visão simplista de que a língua é uma lista de termos que nomeiam as coisas do mundo. Essa visão, no entanto, segundo o mestre, pode nos aproximar da verdade, "mostrando-nos que a unidade linguística é uma coisa dupla, constituída da união de dois termos" (Saussure, 1997, p. 79). O signo linguístico define-se então como uma entidade psíquica formada pela "união do sentido e da imagem acústica", ou seja, uma palavra tem um **significado**, um conceito que determinada língua lhe confere, e um **significante**, uma imagem do som daquela palavra que o falante tem em seu cérebro. Significado e significante, sem o caráter de oposição das outras dicotomias, são duas partes inseparáveis do signo. Sem significante, não há significado. Quando pensamos em uma palavra qualquer em uma língua que conhecemos, temos na cabeça sua imagem acústica, isto é, a forma como deve ser pronunciada, e o conceito a que a palavra remete, ou seja, o que ela significa. Se não sabemos o que significa ou se temos alguma dúvida sobre como pronunciá-la, não importa, uma vez que esse fato estaria relacionado à individualidade, a uma **individualidade da fala**. Se a palavra na qual pensamos faz mesmo parte da língua portuguesa, ela tem um significado e um significante dentro do sistema chamado *língua portuguesa*.

A fim de caracterizar o signo linguístico, Saussure propôs a existência de dois princípios que unem o significante ao significado. O primeiro é o princípio da **arbitrariedade**[1], que tem a ver com o sentido de valor linguístico. O signo linguístico não existe apenas em sua substância fônica ou gráfica nem somente em seus conceitos, mas pelo valor específico que representa dentro do sistema linguístico. Essa arbitrariedade dos signos pode ser exemplificada com as diferenças entre as línguas ou, até mesmo, com a comparação entre as palavras de uma mesma língua. O que faz as palavras *penal* e *estojo* terem o mesmo significado em língua portuguesa? Por que o falante de inglês mata um *pig* e come *pork*, enquanto nós, brasileiros, matamos e comemos o mesmo *porco*? Ou por que, para um falante de espanhol, enquanto vivo, um peixe é *pez*, mas, morto, o mesmo peixe é *pescado*? Porque cada língua estabelece uma rede de relações complexas entre seus signos e faz recortes diferentes para uma mesma realidade. Isso significa que o signo linguístico é arbitrário em sua relação significante/significado.

Tão importante como o princípio da arbitrariedade do signo é o segundo princípio apresentado por Saussure, o da **linearidade**. Embora óbvio, é fundamental para a compreensão da próxima dicotomia de que trataremos, a qual envolve as relações sintagmáticas. O signo, como dito anteriormente, é composto de duas partes inseparáveis: o significante e o significado. O significante, sendo uma imagem acústica, é a parte que se materializa por meio do som, na fala, ou do símbolo gráfico, na escrita. Essa materialização do significante é linear, sucessiva e se desenvolve no tempo. Saussure nos diz que "os significantes acústicos dispõem apenas da linha do tempo; seus elementos se apresentam um após o outro; formam uma cadeia" (Saussure, 1997, p. 84).

Podemos tomar como exemplo as palavras *pata*, *tapa* e *apta*. Observemos que essas três palavras da nossa língua são formadas pelos mesmos segmentos, as consoantes⁽ᵐ⁾ /p/ e /t/ e a vogal⁽ᵐ⁾ /a/*, a qual aparece duas vezes. Ao mudarmos a ordem, mudamos o significado, que não é linear. E, se fizermos qualquer outra alteração de posicionamento daqueles segmentos, teremos elementos que não são palavras no português: *apat, paat, tpaa, aapt* etc.

O princípio da linearidade está relacionado com a nossa atividade mental, na medida em que provoca relações entre os elementos que se colocam de forma linear para decodificação do signo.

Devemos, no entanto, nos lembrar de que a linearidade do signo, apontada por Saussure, não se aplica às línguas de sinais, que são tridimensionais. O próprio linguista destaca que o signo, de natureza auditiva, representa uma extensão mensurável numa só dimensão, pois se desenvolve unicamente no tempo (Sausssure, 1997). Lessa-de-Oliveira (2012, p. 153) assinala que, "se por sua natureza auditiva o significante acústico se articula de forma linear, o significante das línguas gestovisuais assume a natureza tridimensional do espaço visual em que se articula".

2.1.4 Relações sintagmáticas *versus* relações associativas ou paradigmáticas

Saussure chamou de **sintagmática** a relação entre os elementos na **cadeia linear** da fala, na qual o valor de cada elemento se dá pelo contraste com outros elementos da cadeia, seja com o anterior, seja com o posterior. O **sintagma**⁽ᵐ⁾ se compõe por, pelo menos, duas unidades consecutivas, e a combinação entre essas unidades obedece a um padrão definido dentro do sistema.

---

* As barras são usadas para representar os sons da língua, os chamados *fonemas*, os quais se referem às consoantes e às vogais que formam as palavras da língua em questão.

Vamos exemplificar: enquanto na língua portuguesa dizemos *menina bonita*, em inglês se diz *beautiful girl*, isto é, a ordem em português é, usualmente, substantivo + adjetivo, ao passo que em inglês é, necessariamente, adjetivo + substantivo. Outro exemplo? Vejamos os sintagmas *red sun* (sol vermelho) e *sun red* (vermelho sol). Tanto na língua inglesa como na tradução em língua portuguesa, o que caracteriza a classe gramatical das duas palavras é seu posicionamento dentro do sintagma. No inglês, com o adjetivo antecedendo o substantivo, no primeiro exemplo, *red* (a cor) funciona como adjetivo de *sun* (o nome do astro). No segundo, *sun* (o astro) está adjetivando *red* (o nome da cor). E observemos que, na tradução em português, os dois sintagmas têm as palavras na ordem invertida.

Para ilustrar as diversas possibilidades de relações sintagmáticas, Saussure nos apresenta os seguintes exemplos: *"re-ler, contra todos; a vida humana; Deus é bom; se fizer bom tempo, sairemos* etc". (Saussure, 1997, p. 142, grifo do original). Como podemos ver, as relações sintagmáticas seguem a linearidade da cadeia da fala, que se dá por posicionamento dos elementos no eixo horizontal da fala e "exclui a possibilidade de pronunciar dois elementos ao mesmo tempo" (Saussure, 1997, p. 142).

Mas as palavras também podem relacionar-se de outra forma, num eixo vertical, ao que Saussure chamou de *relações associativas* – rebatizadas por Hjelmslev como **paradigmáticas** (Carvalho, 2003, p. 65). As palavras formam grupos na memória, de acordo com diferentes possibilidades de associações entre si. Usando um exemplo de Saussure, vamos fazer algumas associações com o verbo *ensinar*, como consta no Quadro 2.1

Quadro 2.1 – Relações associativas

G1	G2	G3	G4
ensino	ensinar	ensino	ensinamento
aprendizagem	amar	ensinei	armamento
educação	falar	ensinava	armazenamento
instrução	comprar	ensinarei	desligamento

Fonte: Saussure, 1997, p. 146.

O primeiro grupo se relaciona por serem todos os elementos substantivos pertencentes a um mesmo campo semântico; o segundo, por serem verbos regulares de primeira conjugação; o terceiro, por serem flexões do verbo *ensinar* na primeira pessoa do singular; e o último, por serem todos substantivos terminados com o sufixo -*mento*. Os **paradigmas**[1], como podemos observar por esses exemplos, podem estar tanto no plano gramatical (conjugações, desinências, afixos[1], artigos, preposições etc.) como no plano lexical (nomes, verbos – campos semânticos). Esses casos todos se referem ao significado, mas as relações se podem fazer paradigmaticamente entre significantes. As palavras *pata, bata, Tata, data, cata, gata, chata, mata, nata, lata, rata* são exemplos de palavras que se distinguem apenas pelo fonema[1] inicial.

O sistema linguístico, então, organiza-se de modo a proporcionar regularidade tanto na forma como os elementos se ordenam quando falamos (relações sintagmáticas) quanto na forma como eles se opõem para gerar significados diferentes (relações paradigmáticas).

Com as dicotomias apresentadas, Saussure introduziu um programa de investigação que influenciou toda uma geração de linguistas. Muitos deles aprofundaram a doutrina saussuriana e adicionaram a ela importantes contribuições, por vezes depois de algumas críticas ao mestre.

2.1.5 Repercussões e críticas

As ideias de Saussure estimularam muitos linguistas que, de uma forma ou de outra, também deixaram grande contribuição para os estudos na área. Vamos aqui apenas mencionar alguns.

Louis Hjelmslev
Linguista dinamarquês que desenvolveu a **glossemática** – "escola de linguística estrutural que mais consequentemente procurou aplicar a tese saussuriana de que as línguas se constituem como sistemas de oposições" (Ilari, 2005, p. 70) –, Louis Hjelmslev foi quem introduziu diversos termos que foram adicionados à linguística saussuriana, entre eles, *estrutura* (sistema para Saussure) e *relações paradigmáticas* (associativas). A glossemática sofreu várias críticas por ser considerada muito complexa e abstrata.

André Martinet
Linguista francês, participante do famoso Círculo Linguístico de Praga e da corrente funcionalista, André Martinet "está na mesma tradição de pesquisa que Saussure, pois ambos compartilhavam da concepção sistemática da língua" (Pietroforte, 2005, p. 91). A maior contribuição de Martinet para a área foi a teoria da **dupla articulação da linguagem**, segundo a qual as unidades linguísticas podem ser divididas em unidades menores, em dois níveis. Um está no **plano das ideias**, ou do **significado**, cujas unidades mínimas são os monemas[m], e compete à morfologia estudá-los. O outro está no **plano dos sons**, ou do **significante**, e suas unidades mínimas são os fonemas, estudados pela fonologia. Martinet chama, então, a morfologia de *primeira articulação* e a fonologia de *segunda articulação*.

Roman Jakobson

Linguista russo, um dos principais nomes do Círculo Linguístico de Praga, Roman Jakobson contesta dois pontos da teoria dos signos de Saussure. O primeiro é o da arbitrariedade[m] radical dos signos, que assim aprisionariam o falante ao código. Quanto a esse problema, ao discutir os aspectos linguísticos da tradução, Jakobson (1969, p. 63-72) afirma que tudo pode ser dito em qualquer língua, propondo uma saída para o problema da tradução. O outro ponto refere-se ao princípio da linearidade do significante. Jakobson propõe que o fonema não seja uma unidade mínima, mas composta de unidades menores não divisíveis em seu interior. Existe, então, um nível mais básico que o fonema, o traço distintivo[m]. Trubetzkoy, companheiro de Jakobson, usou o termo *feixe de traços*, dizendo que o fonema /v/, por exemplo, apresenta traços fônicos simultâneos: é labiodental, oral, fricativo e vozeado. Jakobson e colaboradores propõem uma relação de traços de natureza acústica binária, entre eles: vocálico/não vocálico, consonantal/não consonantal, oral/nasal, vozeado/não vozeado.

Eugenio Coseriu

Linguista romeno, Eugenio Coseriu reformulou a dicotomia **língua/fala**, propondo uma tripartição, por encontrar "incoerências e contradições nos enunciados sobre língua e fala, introduzidos na ciência linguística por Ferdinand de Saussure" (Coseriu, 1973, p. 18). A divisão tripartida de Coseriu introduz as variantes[m] linguísticas num domínio que se situaria entre a forma abstrata (língua) e a forma concreta (fala). A **norma** seria um primeiro grau de abstração da fala e, ao mesmo tempo, um conjunto de realizações concretas e de caráter coletivo da língua (Carvalho, 2003, p. 65). Ou seja, o terceiro elemento, introduzido por Coseriu, seriam as **variantes linguísticas**, que determinam os diferentes **falares** regionais, sociais e culturais de uma mesma língua.

Mikhail Mikhailovich Bakhtin

Linguista russo, Mikhail Bakhtin partilha com Saussure a ideia de língua como fato social que existe para a comunicação. Distancia-se do mestre genebrino, no entanto, ao conceber o signo linguístico como dialético, ideológico e produto da interação social. Critica o objetivismo abstrato de Saussure, pois considera que a língua é constituída pelo fenômeno social da interação verbal (Brandão, 2004, p. 61). Bakhtin apresenta uma concepção diferenciada de comunicação, fortemente voltada à questão da variação linguística, da diversidade de vozes e dos diferentes elementos que caracterizam o discurso (gênero, profissão, camada social, idade, dialeto). Quando se trata de comunicação humana, todos esses elementos devem ser considerados (Barros, 2007).

Como vimos no capítulo anterior, quando tratamos da história da linguística, o estruturalismo saussuriano teve grande repercussão, principalmente no continente europeu; já na América, o estruturalismo de Bloomfield dominou os estudos da linguagem durante grande parte da primeira metade do século XX, até que entrou em cena Noam Chomsky.

2.2 A revolução chomskyana

No capítulo anterior, já apresentamos este linguista norte-americano que tem sido considerado um dos principais intelectuais de nossa era – Avram Noam Chomsky. Desde a década de 1950, Chomsky tem surpreendido o mundo da ciência e da política por suas teorias cognitivas em relação à linguagem e por seu ativismo político. Diferentemente de Saussure, que praticamente nada deixou escrito sobre sua teoria, Chomsky nos concede uma produção de quase cinquenta livros, centenas de artigos e milhares de cartas (Chomsky, 2005, p. 8). É claro que aqui nos deteremos apenas às suas ideias sobre a linguagem, já que esse é o nosso foco, mas seus trabalhos, nos quais critica veementemente o imperialismo norte-americano, são também muito interessantes. Além da rica produção sobre a linguagem escrita pelo próprio Chomsky, também são muitos os trabalhos sobre ele e sobre sua teoria, muitas vezes de mais fácil compreensão para iniciantes nos estudos linguísticos. Alguns desses textos serão também relacionados nas sugestões de leitura ao final do livro, na "Bibliografia comentada".

Chomsky apareceu – como um divisor de águas na linguística do século XX – num momento em que a visão behaviorista do estruturalismo bloomfieldiano dominava os estudos da linguagem. A descrição minuciosa de uma língua a partir de um *corpus* **representativo**, sem levar em conta a semântica, era a forma de se fazer linguística na época. E isso incomodava Chomsky, que sentia a necessidade de considerar algo anterior a essa língua dos estruturalistas – essa **instituição social** de uma comunidade. Para ele, uma comunidade deve possuir um conhecimento compartilhado sobre as sentenças que podem ou não ser geradas em sua língua, e é desse conhecimento compartilhado que a linguística teria de se ocupar. Uma teoria linguística, para Chomsky, deveria ser capaz de não apenas descrever, mas também explicar esse conhecimento implícito, dar conta das regras de boa formação de uma língua qualquer e, ainda, relacionar essas regras a um conjunto de princípios gerais que podem valer para todas as línguas (Borges Neto, 2005, p. 101).

Embora contendo vários pontos de oposição à linguística estrutural americana, a linguística de Chomsky apresenta trabalhos formais, apoiados em regras, indiferentes a idiossincrasias e intenções individuais dos falantes – normas que sempre permearam a linguística descritiva estruturalista.

A partir de 1957, quando publicou o livro *Syntactic Structures* – SS (*Estruturas sintáticas*) e apresentou sua ideia de gramática gerativa, Chomsky fez várias reformulações em sua teoria, mas sempre manteve sua espinha dorsal: a linguagem como herança genética do ser humano.

A gramática de uma língua, segundo o modelo gerativo-transformacional, deveria servir para gerar as sentenças da língua em suas formas superficiais. A propósito disso, "Chomsky mostrou que as análises sintáticas da frase praticadas até então eram inadequadas em diversos aspectos, sobretudo porque deixavam de levar em conta a diferença entre os níveis superficial e profundo" (Weedwood, 2002, p. 132).

Na estrutura profunda estariam as regras fundamentais da gramática, e na estrutura superficial estariam as sentenças que o falante forma para falar, pensar ou escrever. A **teoria gerativa padrão**, em sua primeira versão, ditava que havia regras transformacionais que governavam, ao mesmo tempo, a produção e a interpretação das sentenças, por meio de um conjunto de regras gramaticais e um número finito de palavras, como se formassem um **aparelho** próprio para aquisição de linguagem. A esse aparelho Chomsky deu o nome, a princípio, de ***language acquisition device*** (**LAD**), ou **dispositivo de aquisição de linguagem**, que veio a ser chamado depois de **gramática universal** (**GU**). Com esse dispositivo, o ser humano é capaz de criar um número infinito de sentenças.

Da mesma forma que Saussure criou a dicotomia **língua/fala**, Chomsky nos apresenta a distinção **competência/desempenho**, que separa o conhecimento linguístico inato de um falante do uso que ele faz da linguagem. Com esse conhecimento herdado geneticamente, o falante nativo é capaz de julgar o que é gramatical ou agramatical na língua.

Numa outra versão da teoria, chamada de **princípios e parâmetros** (**P&P**), Chomsky defende que a linguagem humana é dotada de princípios gramaticais fixos e inatos e que a diferença entre as línguas ocorre por fixação de um conjunto de parâmetros. Dentro da abordagem de P&P, a gramática permite (licencia), entre outros aspectos, as sentenças de uma língua dada, sentenças estas que constituem apenas um subconjunto de um conjunto de objetos linguísticos, que é a gramática universal. Um parâmetro chamado *pro-drop*, por exemplo, estabelece se o sujeito da sentença é obrigatório ou pode ser suprimido. Se compararmos a língua inglesa com a língua portuguesa, notamos que são línguas diferentes no que se refere a esse parâmetro. Em português, o sujeito pode ser omitido, quando designado pela desinência verbal, como em *comprei*, ou inexistente, como em *choveu*. Em inglês, há a obrigatoriedade de o sujeito estar explícito: *I bought*; *it rained*.

Em 1995, Chomsky propõe o **programa minimalista** (**PM**), que defende princípios ótimos e econômicos na estrutura, isto é, na GU. Não se trata de um novo quadro teórico, mas apenas de um conjunto de orientações metodológicas para a economia da gramática. O PM não substitui a teoria de P&P, mas propõe a ela novas questões. Uma das ideias que Chomsky levanta com o minimalismo é que a língua está muito próxima da perfeição. "Isso significa que quaisquer desvios da necessidade conceptual manifestados pela faculdade da linguagem (isto é, a Língua-I) são motivados pelas condições impostas pelo exterior" (Chomsky, 2005, p. 16).

Assim como Saussure, Chomsky (ver Figura 2.1) delimita seu objeto de estudo da linguagem – a **competência** –, descartando o desempenho. Dentro da competência, define a **sintaxe** como nuclear, considerando a fonologia e a semântica como periféricas. Na sintaxe, deixa de lado as particularidades das línguas e estuda os **universais linguísticos**. Dentro dos universais, por sua vez, escolhe as propriedades nucleares inatas que regulam as gramáticas possíveis – os **princípios** –, que, em sua teoria, são mais centrais do que os **parâmetros**.

Figura 2.1 – As opções de Chomsky

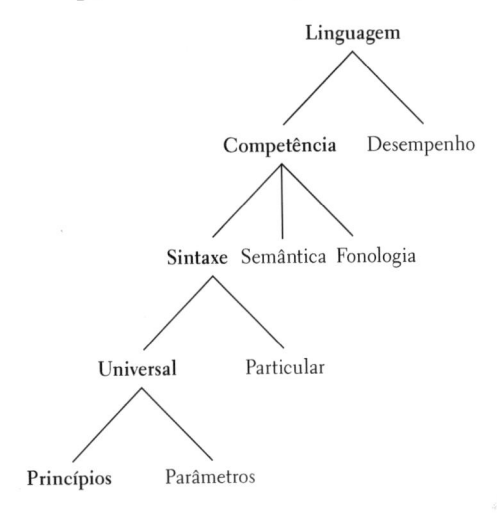

```
                    Linguagem
                   /         \
          Competência      Desempenho
         /     |     \
   Sintaxe Semântica Fonologia
      /        \
 Universal   Particular
   /    \
Princípios  Parâmetros
```

Fonte: Elaborado com base em Borges Neto, 2004, p. 57.

A teoria pretende, com essa delimitação, aumentar a capacidade explicativa e não negligenciar a adequação descritiva (Borges Neto, 2005, p. 57).

É claro que uma teoria considerada revolucionária não deixaria de ter uma enorme repercussão. São muitos os seguidores e também os críticos de Chomsky, o que torna praticamente impossível nomeá-los aqui. Optamos, então, por citar uma abordagem teórica que se opõe diametralmente à teoria chomskyana e que tem sido ligada à maioria dos seus oponentes – o **funcionalismo**.

2.3 Funcionalismo *versus* formalismo

Críticas às ideias de Chomsky não tardaram a aparecer, e seu caráter excessivamente formalista foi um dos principais pontos de atrito com outras tendências, como a sociolinguística, a linguística textual e a análise do discurso. Em oposição à abordagem formalista do gerativismo, ganha impulso a tendência funcionalista. O surgimento do funcionalismo, no entanto, é anterior ao gerativismo chomskyano.

O funcionalismo pode ser encontrado nas concepções de linguistas anteriores a Saussure, mas é no Círculo Linguístico de Praga, principalmente a partir do trabalho de Vilém Mathesius, Trubetzkoy e Jakobson, que ganha corpo, numa combinação com o estruturalismo. Para os linguistas da Escola de Praga, a língua desempenha diversas funções características, como a cognitiva, a expressiva e a conativa, e essas funções determinam suas estruturas. Com a função cognitiva, a língua transmite uma informação factual; a função expressiva indica a disposição de ânimo ou atitude do falante; na função conativa, a linguagem é usada para influenciar, provocar no interlocutor ou leitor algum efeito prático (Weedwood, 2002, p. 138). Na abordagem funcionalista, a linguagem é vista como um instrumento para a comunicação humana, e considera-se que a linguística deve tratar dos modos como os falantes se comunicam por meio das expressões linguísticas, subordinando-se o estudo dos sistemas linguísticos ao uso. As expressões verbais devem ser descritas relativamente a seu funcionamento em contextos sociais específicos (Pezatti, 2005, p. 169).

O termo *funcionalismo* tem sido vinculado a uma variedade de modelos teóricos, que se diferenciam de várias maneiras, mas todos têm uma coisa em comum: a oposição ao modelo gerativo de Chomsky, que com seu formalismo opta pela autonomia da sintaxe, absolutamente independente de suas relações com o uso da língua. O formalismo coloca todo o seu poder explicativo na própria estrutura; seu objeto é autônomo, abstrato e mental. O funcionalismo "prioriza a relação sistemática entre essas formas e as funções que desempenham no processo comunicativo" (Borges Neto, 2005, p. 86).

O conflito existente entre essas duas vertentes está em saber se a forma da língua determina sua função, como defendem os formalistas, ou se são os usos da língua em situações sociais de comunicação que determinam a forma, de acordo com a posição dos funcionalistas. Para Borges Neto (2005, p. 86), essa é a problemática ovo/galinha. Certamente os argumentos serão muitos em defesa de uma ou outra abordagem. A nós coube a tarefa de apresentar a existência das duas vertentes e sugerir a leitura de outros textos em que se aprofunda essa discussão.

2.4 O pós-gerativismo

Durante mais de três décadas, o gerativismo foi uma teoria quase que predominante nos estudos das estruturas linguísticas, principalmente na sintaxe e na fonologia. A ideia da produtividade da gramática elaborada por regras simbólicas, por meio de um mecanismo inato na mente do ser humano, era quase uma explicação definitiva para a aquisição de linguagem. Durante todo esse período, apresentaram-se muitas críticas às ideias de Chomsky, mas o construto teórico desenvolvido por ele era bastante forte e os novos modelos propostos sempre partiam do gerativismo. Esse era o panorama até que, nas décadas de 1980 e 1990, surgiram novos modelos teóricos que questionam a visão categórica das representações linguísticas. No próximo capítulo e no capítulo sobre aquisição de linguagem, no final do livro, vamos abordar alguns desses modelos.

Síntese

Neste capítulo, traçamos o perfil de dois formalistas por excelência, dois linguistas que podem até ser criticados, mas, certamente, nunca ignorados. Qualquer trabalho sério a respeito de linguagem certamente citará Saussure ou Chomsky. O primeiro foi o responsável pela sistematização dos estudos linguísticos ao adotar uma série de termos para explicar as diferenças entre língua e fala, concedendo a cada uma um *status* diferente dentro dos estudos linguísticos, optando ele próprio pela linguística da língua como seu objeto de estudo. O segundo apareceu para pôr abaixo alguns paradigmas do estruturalismo, trazendo o conceito da gramática universal e a tese do inatismo e propondo outra dicotomia – competência (conhecimento inato que o falante tem da língua) e desempenho (uso que o falante faz da língua). No decorrer dos próximos capítulos, mencionaremos, com frequência, esses dois autores e os termos por eles adotados e também apresentaremos contrapontos com ideias de outros teóricos, bem como as repercussões para as pesquisas e para o ensino de línguas.

Indicação cultural

THE NOAM CHOMSKY WEBSITE. Disponível em: <http://www.chomsky.info>. Acesso em: 4 maio 2015.

Esse é o *site* oficial de Chomsky, no qual você pode encontrar artigos, entrevistas e debates, tudo muito interessante. Se você sabe inglês, aproveite!

Atividades de autoavaliação

1. Assinale com V (verdadeiro) ou F (falso) as afirmações a seguir:
   ( ) Um estudo sobre evolução das línguas deve ter uma perspectiva sincrônica.
   ( ) O sintagma opera com base na extensão, isto é, na relação horizontal dos elementos na cadeia da fala, em decorrência do princípio de linearidade do significante.

( ) Chomsky, embora tenha apresentado a primeira versão de sua teoria em 1957, nunca reformulou o seu modelo.

( ) Em sua última versão, o modelo de Chomsky apresenta regras transformacionais, que governam a produção e interpretação das sentenças.

2. Com base nas dicotomias saussurianas, assinale com V (verdadeiro) ou F (falso) as definições a seguir:

( ) **Significado-significante** – O primeiro termo se refere ao caráter linear do signo linguístico, estabelecendo as relações entre os elementos, um após o outro, no eixo horizontal; o segundo se refere às associações efetuadas na memória do falante, nos planos da expressão e do conteúdo, no eixo vertical.

( ) **Sincronia-diacronia** – O primeiro termo se refere ao sistema linguístico e seu funcionamento; o segundo está ligado ao estudo dos fatos em suas transformações ao longo do tempo.

( ) **Língua-fala** – Dicotomia básica da linguística saussuriana, fundamenta-se na oposição social-individual em relação ao falante.

( ) **Relações sintagmáticas-relações associativas** – As primeiras se referem às unidades que se combinam consecutivamente na cadeia da fala; as segundas se referem a como os elementos se organizam na memória, de acordo com as possibilidades de associações.

3. Assinale a afirmação correta:

a) Chomsky apresentou a dicotomia competência/desempenho, mas delimitou seu objeto de estudo na competência.

b) Na teoria de P&P, o primeiro *P* se refere aos parâmetros, aos quais Chomsky deu prioridade em seus estudos sobre universais linguísticos.

c) Para os funcionalistas, o objeto de estudo da linguística é a sintaxe.

d) André Martinet foi um severo crítico da corrente funcionalista.

4. Marque a opção **incorreta**:
   a) Roman Jakobson contestou a teoria dos signos de Saussure, no que se refere aos princípios de arbitrariedade e linearidade dos signos linguísticos.
   b) Uma grande diferença entre o estruturalismo e o gerativismo está no fato de o primeiro se preocupar em encontrar diferenças entre as línguas e o último buscar as semelhanças entre elas.
   c) A fala, segundo Saussure, por ser constante e sistemática, impõe-se aos indivíduos.
   d) Eugenio Coseriu acrescentou um item à dicotomia saussuriana língua/fala – a norma – que determina as variações dialetais.
5. De acordo com as ideias de Chomsky sobre a aquisição da linguagem, é correto afirmar:
   a) Apresentando a dicotomia competência/*performance*, Chomsky privilegiou a *performance*, pois sua teoria trata exclusivamente do uso da língua pela criança.
   b) Por ser essencialmente funcionalista, seus maiores críticos foram os formalistas.
   c) Dentro da competência, Chomsky define a sintaxe como nuclear, considerando a fonologia e a semântica como periféricas.
   d) As crianças só adquirem completamente uma língua depois de exaustiva repetição das sentenças que ouvem.

Atividades de aprendizagem

Questões para reflexão

1. Se para quem é de São Paulo, assim como para a maioria dos brasileiros, uma criança do sexo masculino é um *menino*, para um gaúcho é um *guri*, que muitos curitibanos vão chamar de *piá*. Justifique esse fato à luz da teoria saussuriana.

2. É comum ouvirmos, no falar de crianças pequenas, expressões como: "Eu fazi o bolo", se falante do português; "*I goed to school*", se falante do inglês; "*Poní um lápiz en la mesa*", se falante do espanhol. Explique o fato à luz do gerativismo.

Atividade aplicada: prática

1. Leia com atenção as teorias de Saussure e Chomsky. Se possível, leia também textos de outras fontes. Elabore um texto apontando semelhanças e diferenças entre os dois linguistas. Mande o texto por *e-mail* a um colega ou professor e peça que lhe responda dando opinião a respeito.

Capítulo 3

Nos dois primeiros capítulos, contamos um pouco da história da linguística e apresentamos alguns termos que serão importantes para a compreensão dos temas a serem desenvolvidos ao longo do livro. Neste capítulo, analisaremos a estrutura da língua, ou seja, os seus componentes, que formam as palavras, as sentenças e determinam a cadeia sonora, e, finalmente, trataremos do mundo dos sentidos.

Anatomia da língua

3.1 Os componentes da língua

Como vimos nos dois primeiros capítulos, há diferentes formas de conceber a linguagem. Saussure define a língua como um sistema que nos serve à comunicação. Chomsky, por sua vez, apresenta sua ideia de gramática universal como um módulo que existe no cérebro do ser humano e lhe confere a capacidade da linguagem verbal. Será que poderíamos falar desse "órgão" mental do mesmo modo como falamos de outros órgãos existentes no corpo humano? Bem, essa é a forma como Steven Pinker nos apresenta a língua – dotada de uma "anatomia", é possível "dissecar" e analisar seus componentes, cada um dos quais com uma função específica dentro do processo de comunicação (Pinker, 2000a, p. 22).

É a esses componentes, que formam esse "órgão" exclusivamente humano, que dedicaremos nossa atenção a partir de agora. Não temos a pretensão de realmente "dissecar" esses elementos em todas as suas partes, pois não seria possível, no espaço que temos, tratar de temas tão complexos. Porém, propomo-nos a apresentar, mesmo que de forma genérica e, muitas vezes, não muito precisa, cada um desses componentes do chamado **hard core** (**núcleo duro**) da linguística, baseando-nos no diagrama de Pinker, que aqui adaptamos.

Figura 3.1 – "Dissecando" a língua

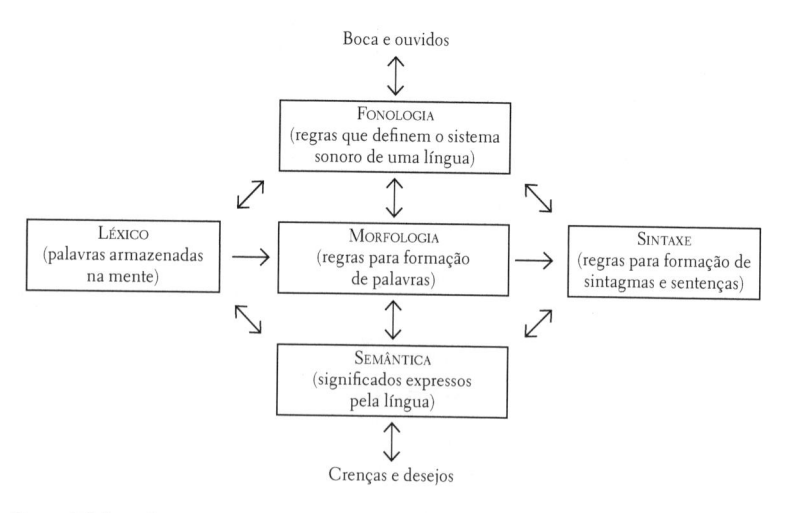

```
                    Boca e ouvidos
                          ↑↓
                     ┌─────────────────────┐
                     │     FONOLOGIA       │
                     │ (regras que definem │
                     │  o sistema sonoro   │
                     │    de uma língua)   │
                     └─────────────────────┘
                       ↙       ↑↓       ↘
┌──────────────┐    ┌─────────────────────┐    ┌──────────────────┐
│   LÉXICO     │    │    MORFOLOGIA       │    │     SINTAXE      │
│ (palavras    │ →  │ (regras para        │ →  │ (regras para     │
│  armazenadas │    │  formação de        │    │  formação de     │
│  na mente)   │    │  palavras)          │    │  sintagmas e     │
│              │    │                     │    │  sentenças)      │
└──────────────┘    └─────────────────────┘    └──────────────────┘
                       ↖       ↑↓       ↗
                     ┌─────────────────────┐
                     │     SEMÂNTICA       │
                     │ (significados       │
                     │  expressos pela     │
                     │  língua)            │
                     └─────────────────────┘
                          ↑↓
                    Crenças e desejos
```

Fonte: Elaborado com base em Pinker, 2000b, p. 23.

Em nossa mente, temos armazenadas as palavras que compõem o **léxico** da língua portuguesa e de possíveis línguas estrangeiras que aprendemos. É uma espécie de dicionário mental, que não traz só o significado das palavras que conhecemos, mas também informações sobre como as palavras são compostas de partes menores, sobre as regras para colocação das palavras nas sentenças que produzimos em nossa fala e, ainda, sobre como essas partes menores, essas palavras e essas sentenças são agrupadas de acordo com o padrão sonoro específico de cada língua.

Esse dicionário é chamado de *léxico mental*, que tem acesso a regras das mais diversas, contidas em módulos específicos. Numa interface entre a mente e o mundo, o léxico acessa o módulo que detém os significados de cada palavra e sentença que produzimos – o da **semântica**. A **morfologia** da língua contém as regras de como as palavras se formam de componentes menores chamados *morfemas*. A **sintaxe** é o módulo responsável pelas regras de combinação de palavras para formar as sentenças que produzimos na fala. Para serem pronunciadas, as palavras e as sentenças passam por outro módulo, o da **fonologia**, que contém o sistema de sons da língua. É claro que essa divisão em caixas e setas, bem como o emprego do termo *módulo* como unidade compartimentada não devem ser vistos como reais representações da língua na mente dos falantes. Como o próprio Pinker reconhece, diagramas da mente não são bem aceitos por linguistas, pois as caixas e as ligações entre elas são geralmente arbitrárias e podem muito bem ser representadas de outra forma. De qualquer modo, podem nos servir para visualizar as diversas partes que compõem o sistema linguístico.

Vamos, então, de forma breve, analisar cada um desses módulos, buscando examinar a importância de seu estudo para a linguística e a maneira como foram tratados dentro de algumas correntes teóricas.

3.2 Léxico mental

Na seção anterior, dissemos que o léxico mental é uma espécie de dicionário que temos em nossa mente. É importante dizer, no entanto, que esse **dicionário mental** difere radicalmente de um dicionário comum. É muito mais complexo do que os dicionários que todos nós estamos acostumados a manusear sempre que precisamos saber o significado de uma palavra desconhecida em nossa língua ou em uma língua estrangeira. É mais complexo porque é produtivo e criativo. Além dos significados, o léxico contém as informações sobre as regras de formação de palavras, sobre a colocação das palavras para formar sentenças e sobre como devem ser pronunciadas. O léxico mental é uma organização dinâmica dentro de nossa mente, composta de uma rede complexa de representações, associações e processos.

O mais interessante é que o falante não tem consciência desse funcionamento do léxico. Nós não nos damos conta da rapidez com que interpretamos palavras que lemos ou ouvimos (The Mental Lexicon, 2006). Ao ouvirmos ou lermos uma palavra, muitas imagens ou outras palavras surgem em nosso pensamento, porém não temos acesso consciente aos mecanismos que provocam esse processo. Obviamente é isso mesmo que tem de acontecer. Se não fosse assim, nossa comunicação não seria tão eficiente como é. Para que o propósito primário da língua, que é a comunicação, seja obtido eficientemente, o complexo sistema de representação, associação e processamento das palavras deve funcionar com rapidez e automatismo.

Muitos estudos, que conjugam esforços de várias áreas – psicologia, neurologia, estudos da linguagem –, buscam compreender como as palavras estão armazenadas, como estão representadas e como são acessadas. Essa compreensão é fundamental para os avanços nas investigações em torno da cognição humana, da aquisição de linguagem e do tratamento de patologias da língua (The Mental Lexicon, 2006).

Embora esse assunto seja muito interessante, ele extrapola as intenções deste livro. Então vamos passar para as outras "caixinhas" do diagrama de Pinker.

3.3 Morfologia

Em geral definida como a parte da linguística que estuda a estrutura e a formação das palavras, a morfologia é o ponto mais controverso da área. As diversas correntes teóricas, principalmente as duas que apresentamos no capítulo anterior, ou seja, o estruturalismo e o gerativismo, deram à morfologia *status* completamente diferentes. Controversa também é a delimitação de seu objeto de estudo, que, a princípio, parece ser a palavra, ou vocábulo, como prefere Câmara Júnior (1970, p. 69), e realmente não deixa de ser. Acontece que a palavra é a unidade máxima da morfologia, mas ela é composta de partes menores que carregam significados próprios. Por exemplo, a palavra *impagável* é formada por três pedacinhos: *im* + *paga* + *vel*. Qualquer falante de língua portuguesa sabe, mesmo sem ter consciência disso, que essa palavra é formada pela base *pag* (raiz do verbo *pagar*), pelo sufixo *-vel*, que transforma verbos em adjetivos, e pelo prefixo de negação *im-*. A esses "pedacinhos" que formam a palavra dá-se o nome de *morfemas*, que são as unidades mínimas e o objeto de estudo da morfologia.

Essa possibilidade de formarmos palavras com o acréscimo de **afixos** (**prefixos** e **sufixos**) torna a língua flexível e dá ao falante a capacidade de criação. Muitos devem lembrar-se, ou devem ter ouvido falar, da polêmica criada pelo então ministro do Trabalho e Previdência (Governo Collor), no início dos anos 1990, ao usar a palavra *imexível*, que não existia no dicionário. Bechara se remete à polêmica afirmando que

> o não estar registrado nos dicionários não era razão cabal para rejeitar-se [...]. Está criado por princípios de formação de novos termos vigentes no sistema do idioma e – o que é importante – tem significado que cabe como luva ao teor da mensagem do Sr. Ministro, o que nem sempre ocorre com seus possíveis sinônimos: intocável, intangível, por exemplo. (Bechara, 1996, p. 45, grifo do original).

Hoje o termo já se encontra nos dicionários de língua portuguesa. Assim, o estudo sobre as possibilidades de criação de palavras dentro da língua, por meio da junção de elementos menores que carregam significados, é a razão de ser da morfologia, que está subdividida em dois campos, conforme os mecanismos por meio dos quais as palavras são formadas: a morfologia lexical e a morfologia flexional.

3.3.1 Morfologia lexical

A morfologia lexical tem por característica principal o estudo da capacidade de alteração da categoria gramatical de uma palavra. Na palavra *nacionalização*, por exemplo, temos o substantivo *nação*, que é transformado em um adjetivo ao se acrescentar o sufixo *-al* (*nacional*); esse adjetivo se transforma em um verbo com o acréscimo do sufixo *-izar* (*nacionalizar*); e, finalmente, esse verbo torna-se um novo substantivo ao se acrescentar mais um sufixo, o *-ção* (*nacionalização*). Podemos ainda, dessa vez não mudando a classe gramatical, mas dando um sentido oposto à palavra, adicionar o prefixo *des-* para formar *desnacionalização*. A esse processo de adição de afixos a uma raiz ou radical dá-se o nome de *derivação*.

Outro processo de formação de palavras na morfologia lexical chama-se *composição*. Enquanto a derivação é a junção de uma base a um ou mais afixos, a composição envolve a junção de uma base a outra base, cada uma das quais com um papel definido na estrutura. Assim, "enquanto na derivação temos a expressão de noções comuns e gerais, a composição é um processo que vai permitir categorizações mais particulares" (Basílio, 2003, p. 31). Isso significa que cada elemento da palavra formada por composição tem um significado lexical próprio e a nova palavra terá outro significado lexical. Por exemplo, ao juntarmos os substantivos *couve* e *flor*, temos o substantivo composto *couve-flor*, no qual a primeira palavra funciona como núcleo e a segunda como modificador.

3.3.2 Morfologia flexional

A morfologia flexional, diferente da lexical, não trata de alteração de categorias. Em vez de afixos, estuda os **morfemas** que se acrescentam a determinadas categorias de palavras para estabelecer relações gramaticais. A morfologia flexional se relaciona com a sintaxe, na medida em que estabelece mecanismos de concordância (Petter, 2005, p. 73). Por exemplo, em *falo*, temos a raiz do verbo falar (*fal-*) mais *-o*, morfema que indica 1ª pessoa do singular do presente do indicativo; em *gatos*, o morfema é o *-s*, que se acrescenta ao substantivo *gato* para indicar o plural. Um exemplo de morfema da língua inglesa é o *-ed*, que forma o passado regular.

A diferença entre os **sufixos derivacionais** e os **morfemas**, estes também chamados *sufixos flexionais* ou *desinências* (Câmara Júnior, 1970, p. 81), é que os primeiros são destinados a criar novos vocábulos e os últimos indicam variações ou modalidades específicas de uma mesma palavra.

3.3.3 A morfologia e as correntes teóricas

Como já dissemos, a morfologia é um ponto de controvérsia na linguística e seu *status* tem sido diferente nas diversas correntes teóricas. No estruturalismo, sobretudo no descritivismo americano da "era Bloomfield", a análise morfológica teve papel importantíssimo. Assim, "o problema central para o quadro teórico estruturalista é identificar os morfemas que compõem cada língua falada no mundo; a morfologia, portanto, é de crucial importância para o estruturalismo" (Sandalo,

2001, p. 184). Nas análises das línguas, os estruturalistas se preocupavam com a determinação da estrutura das palavras existentes.

O gerativismo traz uma mudança de perspectiva com sua visão de competência linguística. A sintaxe passa a ser central para a teoria, que, em sua primeira versão, considerou não ser conveniente estabelecer um componente morfológico autônomo na gramática da língua (Basílio, 2003, p. 18). E isso tem uma razão de ser: o grande ponto dos estudos estruturalistas foi a descrição das línguas e o enfoque foi a diferença entre elas. O gerativismo, na busca dos universais linguísticos, preocupou-se em encontrar semelhanças entre as línguas, dando centralidade à sintaxe, estudo da formação das sentenças.

Em versões mais posteriores da teoria, a morfologia ganhou maior destaque, principalmente com a **morfologia flexional**, uma vez que esta tem relação estreita com a sintaxe. "Segundo os adeptos do Minimalismo, a Morfologia (i.e. os traços morfológicos) 'guiam' [sic] a Sintaxe. [...] Para os minimalistas, entretanto, apesar de a morfologia voltar a ganhar uma ênfase especial, ela continuou a ser parte da sintaxe" (Sandalo, 2001, p. 197).

Nascida nos espaços gerativistas, uma teoria que ganhou destaque nos estudos em linguística foi a **teoria da otimalidade (TO)**. Também traduzida como *teoria da otimização* ou *da otimidade*, a TO trabalha com dados da superfície, tendo a fala como seu objeto principal de estudo. Dentro da perspectiva da gramática universal, as línguas seguem um conjunto de princípios universais comuns a todas elas; estes, no entanto, podem ser violados, tornando as línguas diferentes entre si. Embora a fonologia tenha sido o foco principal desse modelo teórico, sua aplicação também tem sido levada à morfologia e à sintaxe.

Outra teoria que nasceu dos pressupostos gerativistas é a **morfologia distribuída**, que propõe uma arquitetura diferente para a gramática.

Dispensa o componente lexical do gerativismo dos anos 1970 e 1980* e propõe a existência de três listas de elementos: a Lista 1 é o componente que cede o *input* da sintaxe, que apresenta traços morfossintáticos abstratos; a Lista 2 é o componente que armazena os itens vocabulares – é um componente fonológico; e, finalmente, a Lista 3 comporta os significados – é a enciclopédia (Silva, 2010). O modelo é mais econômico que a hipótese lexicalista, modelo predominante na teoria gerativa, pois não prevê a mesma computação para a geração de palavras e sentenças. "A palavra deixa de ser a unidade mínima de análise, dando lugar a unidades abstratas menores desprovidas de substância fônica" (Silva, 2010, p. 13).

Modelos pós-gerativos – conexionismo, palavras e regras, linguística probabilística

Durante mais de duas décadas, os pressupostos da gramática gerativa foram quase que definitivos para explicar a aquisição de linguagem. Apesar das muitas críticas às ideias de Chomsky, a concepção da produtividade da gramática por regras simbólicas através de um mecanismo inato, que levanta hipóteses sobre regras explícitas e inacessíveis, foi quase que predominante nas pesquisas.

No final da década de 1980, dois psicólogos americanos, David Rumelhart e James McClelland, propõem uma alternativa à visão de regras explícitas e inacessíveis para a gramática e apresentam o **processamento de distribuição paralela (PDP)**, um **modelo conexionista** para explicar a aquisição do passado dos verbos em inglês. Rejeitam a ideia de aquisição da linguagem por regras simbólicas, defendendo que a criança não precisa descobrir a regra e decidir se um verbo é regular

---

* A hipótese lexicalista prevê a existência de um repositório de palavras (o léxico) que se inserem na sintaxe.

ou irregular, pois possui capacidade de generalização a partir de dados estocados de verbos similares. A aprendizagem vai depender dos dados que recebe no *input* e do conhecimento prévio do aprendiz. O aprendizado acontecerá, então, por conexões entre informações novas e as já existentes.

Esse modelo recebe, no entanto, forte oposição de Steven Pinker (o mesmo das caixinhas apresentadas no início do capítulo). Pinker e seus colegas vão defender um caminho do meio entre a ideia de regras simbólicas do gerativismo e a ideia do aprendizado por conexões, do modelo de Rumelhart e McClelland. Pinker, apresentando o modelo de **palavras e regras**, afirma que a linguagem humana funciona por dois mecanismos cognitivos. O primeiro, a partir da memorização de palavras no léxico, ocorre por representação simbólica do significado, da categoria gramatical e da pronúncia. O segundo, que confere grande poder de expressão ao ser humano, acontece pela capacidade de combinar morfemas para formar palavras e combinar palavras para formar um número ilimitado de sentenças, representando pensamentos, ideias, sentimentos, por meio das regras gramaticais da língua. Também usando o passado da língua inglesa para explicar seu modelo, Pinker argumenta que o passado irregular é armazenado na memória, num dicionário mental, e que, no caso do passado regular, apenas a regra é memorizada em uma gramática mental, na qual ficam armazenadas as regras criativas da língua. Usando o esquema das caixinhas, o passado regular é formado por uma regra do módulo da morfologia, que vai buscar no léxico a raiz e o morfema para formar a palavra que vai ser usada no módulo da sintaxe. Já o passado irregular não passa por nenhuma regra no módulo da morfologia; a palavra é extraída diretamente do léxico e usada pela sintaxe.

Essas duas visões, a da inexistência total de regras simbólicas do paradigma conexionista e a do modelo dual de palavras e regras, vão gerar uma longa discussão* que vai servir de base para outro modelo, o da **linguística probabilística**. Baayen (2003), discutindo os pressupostos dos modelos conexionista e de palavras e regras, coloca a seguinte questão: a linguagem é um fenômeno determinista, definido por regras simbólicas, ou um fenômeno probabilístico, para o qual simples regras simbólicas seriam inadequadas? O autor argumenta que a probabilidade na morfologia exerce um papel muito mais importante do que os livros tradicionais de morfologia admitem.

O autor vai buscar o que chama de *"mistérios da morfologia derivacional"* para afirmar que a produtividade na morfologia é gradiente ou escalar por natureza (Baayen, 2003, p. 234). Usa exemplos da língua inglesa para dizer que há formações de grande produtividade, como o sufixo -*ness* (*goodness*), formações de média produtividade, como -*ee* (*employee*), e formações muito pouco produtivas, como -*th* (*warmth*). Com base nessas considerações, o autor apresenta um modelo que, segundo ele, proporciona a possibilidade de compreender como o cérebro humano usa a probabilidade para a compreensão da morfologia e como os conceitos da teoria da probabilidade e da estatística podem ser usados para lidar com a natureza gradiente de muitos dados morfológicos. Acrescenta, ainda, que as teorias tradicionais não probabilísticas de morfologia são inadequadas porque não conseguem trabalhar com fenômenos gradientes.

Esses três modelos, conexionismo, palavras e regras e linguística probabilística, em maior ou menor grau, vão dar importância à frequência dos itens linguísticos na representação e no processamento.

Passemos agora ao outro módulo do diagrama, a sintaxe.

---

* Uma revisão sobre essa discussão pode ser vista em Gomes (2009).

3.4 Sintaxe

Para iniciarmos nossa análise de outra caixinha da estrutura de Pinker, é importante dizer que optamos por apresentar esse tema com a perspectiva da gramática gerativa, sem, no entanto, entrar em detalhes sobre a teoria. Ao final desta seção sobre sintaxe, vamos fazer uma comparação entre a corrente do gerativismo e a do funcionalismo a respeito da visão da ordem das palavras na sentença. Vamos abordar também alguns dos caminhos pós-gerativismo.

Para tratarmos da sintaxe, voltaremos a comentar um pouco sobre o léxico. Já sabemos que nosso léxico, ou dicionário mental, é composto por milhares de entradas – as palavras da nossa língua e de outras línguas que conhecemos. Cada uma dessas entradas possui informações das mais diversas, que vêm das outras caixinhas do diagrama. Com relação à caixinha que analisamos na seção anterior, a da morfologia, vimos que as informações lá contidas referem-se às regras de formação das palavras por elementos menores, por meio de derivação ou composição (morfologia lexical), ou de acréscimos de morfemas a certas categorias de palavras (morfologia flexional). Naquele momento, não nos detivemos no termo *categoria* por acharmos que este é o momento ideal para abordá-lo, o momento em que vamos discorrer sobre a sintaxe, que é o estudo da sentença[*].

3.4.1 Categorias gramaticais

As categorias gramaticais são as propriedades dos elementos que juntamos para formar as sentenças da nossa língua. Uma palavra como *garota*

---

[*] Preferimos usar o termo *sentença*, mas muitos autores usam o termo *frase*. Essa preferência se dá pela frequência maior de leituras em língua inglesa, cujos termos *sentence* e *phrase* têm sentidos diferentes. O termo *phrase* do inglês se refere ao que chamamos, em língua portuguesa, de *sintagma*.

é do mesmo tipo que *mulher*, *gato* ou *professor*, mas é diferente de *falar*, *comprou* ou *estamos*. Esses são dois grupos de palavras que pertencem a diferentes categorias gramaticais, que podem ser definidas por diferentes critérios: **morfológico**, **semântico** ou **sintático**. Nenhum desses três critérios, por si só, é suficiente para bem definir as categorias gramaticais. Entretanto, as diversas correntes teóricas privilegiaram um ou outro critério de acordo com o seu principal objeto de estudo.

A gramática tradicional privilegiou o critério semântico, definindo o substantivo, por exemplo, como palavra que se usa para designar os seres em geral; o verbo como palavra que exprime ações, estados ou fenômenos; o adjetivo como aquela que especifica, qualifica ou modifica o substantivo; e assim por diante. O estruturalismo privilegiou o critério morfológico, que atribui as palavras a determinadas classes gramaticais a partir das possibilidades de variação dessas formas. Os nomes ou substantivos são palavras que variam em gênero e número; os verbos, em pessoa, número, tempo, modo e aspecto; e assim por diante. Já na teoria gerativa, as categorias são definidas por critérios sintáticos, segundo os quais as palavras se apresentam com "propriedades distribucionais (em que posições estruturais as palavras podem ocorrer) e/ou funcionais (que funções podem exercer na estrutura sintática)" (Basílio, 2003, p. 53). O nome ou substantivo, então, é a palavra que pode exercer a função de núcleo do sujeito, do objeto e do agente da passiva.

Os falantes conhecem intuitivamente essas propriedades e agrupam os itens lexicais de acordo com as regras de boa formação da língua, mesmo que nunca tenham estudado formalmente a gramática. É a essa "intuição" linguística que Chomsky deu o nome de **competência**. Vamos observar as seguintes sentenças:

(1) O menino apagou a luz.
(2) Apaguei a luz.

Qualquer falante de língua portuguesa sabe que a palavra *menino* em (1) só pode ser substituída por outra palavra do mesmo tipo, como *homem, menina,* ou grupo de palavras, como *pais da criança;* sabe ainda que a palavra *apaguei* em (2) também só pode ser substituída por outra da mesma categoria, como *acendi, diminuí* e *tentei acender.* Podemos muito bem ouvir uma criança, em período de aquisição da linguagem, dizer *"Acendei a luz", mas dificilmente ouviremos *"Luzei o apago" e **nunca** ouviremos* "Luz o apagou menino a"*.

O primeiro caso de má formação, *"Acendei a luz", é muito comum na fala de crianças, que formulam regras e, frequentemente, colocam verbos como *acender,* de segunda conjugação, no formato de verbos de primeira, como *apagar,* ou vice-versa. Esse é um dos argumentos de Chomsky para o inatismo. É improvável que uma criança que diz *"Acendei a luz" tenha ouvido essa sentença antes. Os gerativistas defendem que ela está formulando hipóteses a partir dos princípios contidos na gramática universal, comparando-os com os dados que recebe do *input* linguístico do ambiente.

Quanto à segunda sentença malformada, *"Luzei o apago", a não ser num excesso de criatividade linguística para operar uma mudança de classe gramatical, trata-se de sentença que não será produzida por um falante de português, o qual sabe que *luz* pertence à categoria de nome, não de verbo, e que *apago* não é um nome em língua portuguesa. Já a última sentença malformada, *"Luz o apagou menino a", nunca, em condições normais, será proferida por um falante do nosso idioma, que sabe a ordem em que as palavras devem ser colocadas na sentença, formando unidades maiores, chamadas *constituintes sintáticos.*

---

* Os asteriscos (*) que aparecem no início dos exemplos indicam que se trata de sentenças malformadas na língua.

3.4.2 Constituintes sintáticos

Esse conhecimento intuitivo que os falantes têm de como utilizar as palavras contidas em seu léxico mental também se aplica à formação de grupos de palavras, que se estruturam, sucessivamente, de modo a formar unidades mais complexas, até chegarem à formação de uma sentença. "Essas unidades são chamadas de constituintes sintáticos e são os átomos com que a sintaxe opera" (Negrão; Scher; Viotti, 2005, p. 88). Vejamos a seguinte sentença:

(3) A mãe da menina deu um ramalhete de flores para a professora.

Se recortarmos os pedacinhos que formam a sentença (3), veremos que as palavras foram se juntando em grupos hierarquicamente superiores, formando grupos maiores até chegar à sentença final. Essa estrutura de constituintes se forma assim:

A mãe da menina deu um ramalhete de flores para a professora								
A mãe da menina	deu um ramalhete de flores para a professora							
A mãe	da menina	deu	um ramalhete de flores	para a professora				
A	mãe	da	menina	deu	um ramalhete de flores	para a professora		
		de	a		um	ramalhete	de flores	para a professora
								a professora

Poderíamos dizer que a sentença (3) apresenta quatro elementos para que a mensagem seja compreendida. Se a proferirmos, como nas antigas mensagens telegráficas, "mãe deu ramalhete professora", já teremos em nossa mente a cena da ação. Isso porque essas quatro palavras funcionam como núcleos que determinam a ação. Os constituintes se formam, então, por agrupamento de itens a partir desses núcleos. Um constituinte sintático é chamado de *sintagma*.

Na perspectiva da teoria gerativa, o falante possui a competência para organizar os itens lexicais na sentença, em virtude de sua capacidade inata de formar as sentenças da língua organizando os sintagmas a partir dos seus núcleos. Os itens lexicais vão sendo adquiridos desde a infância até o final da vida, mas a noção de categoria sintática é inata. "Assim, os itens lexicais vão sendo estocados na memória, mas o formato do léxico mental é dado pelo aparato genético" (Mioto; Silva; Lopes, 2000, p. 88).

3.4.3 Predicados e argumentos

Também em nosso aparato genético, segundo a teoria gerativa, temos as informações de como os itens lexicais selecionam outros itens para a composição de uma sentença. Alguns núcleos lexicais selecionam, outros são selecionados. Vamos comparar as sentenças:

(4) Choveu.

(5) O menino caiu.

(6) O rato comeu o queijo.

(7) O menino deu uma maçã para a professora.

Observemos que os verbos das quatro sentenças são completamente diferentes em relação aos itens lexicais que eles **selecionam** para a formação de cada sentença. O verbo *chover* em (4) não pede nenhum outro item lexical. O verbo *cair* em (5), no entanto, só vai ter sentido se houver algo ou alguém para cair. Já o verbo *comer* em (6) precisa de dois itens lexicais, pois é impossível montar uma sentença sem que haja uma relação entre um ser que come (*o rato*) e algo que é comido (*o queijo*). Na sentença (7), temos três elementos selecionados pelo verbo *dar*: *menino, maçã* e *professora*.

Os itens lexicais que selecionam são chamados **predicados**[1]; os itens selecionados são os **argumentos**[1]. "Os predicados têm estrutura argumental, isto é, os predicados possuem lacunas a serem preenchidas pelos argumentos" (Mioto; Silva; Lopes, 2000, p. 85). Assim, podemos dizer que o verbo *chover* não tem nenhum lugar a ser preenchido; o verbo *cair* tem um lugar para se preencher; *comer* tem dois e *dar* tem três.

Nas sentenças dadas, só tivemos predicados do tipo verbal, mas outros tipos de predicados também podem selecionar argumentos, como em:

(8) [A necessidade de peças] é imediata.

O nome *necessidade* é um predicado porque toma como argumento *de peças*. Logo, se alguém disser apenas "a necessidade é imediata", sem um contexto para isso, a pergunta "necessidade de quê?" será inevitável.

Outra questão importante é que os predicados não definem apenas o número de argumentos, mas também o tipo. Para exemplificar, vamos repetir a sentença (6):

(9) O rato comeu o queijo.

A categoria gramatical dos dois itens selecionados pelo verbo *comer* em (9) é a mesma: são dois nomes, portanto podem funcionar como núcleo tanto do sujeito como do objeto. Mas será que poderíamos inverter os argumentos e formar uma sentença como (10)?

(10) *O queijo comeu o rato.

É claro que não, não é mesmo? Isso acontece porque, além de selecionar um número determinado de argumentos, o predicado também define **semanticamente** os constituintes que vão atuar como argumentos. O predicado, expressando uma atividade ou evento, define os **papéis** que os argumentos têm de representar. No caso da sentença (10), o constituinte *queijo* não pode exercer o papel de um ser que come, mas o de um que pode ser comido, ou seja, queijo pode ser **paciente**[m], mas não pode ser **agente**[m] de comer. Já o constituinte *rato* poderia exercer os dois papéis: o de agente, o ser que come, ou o de paciente, o ser comido ("O gato comeu o rato").

Em suma, o predicado ou núcleo lexical define o número de argumentos, a categoria desses argumentos e, ainda, sua natureza semântica.

3.4.4 Adjuntos

Além dos argumentos selecionados pelo predicado, a sentença pode conter outros elementos que, embora importantes, não são projetados pelo predicado e não figuram como argumentos dele. São chamados de *adjuntos*. Vamos exemplificar com algumas das sentenças anteriores, porém com constituintes adicionais.

(11) Choveu de manhã.

(12) O menino caiu na rua.

(13) O rato comeu o queijo de cabra.

Como podemos ver em (12), *cair* é um predicado de um argumento somente, que é ocupado por *o menino*. É claro que esse evento ocorreu em algum lugar (*na rua*), mas essa informação não é necessária na sentença para garantir que ela seja gramatical. O mesmo acontece com *de manhã* em (11) e com *de cabra* em (13). Esses constituintes são adjuntos, e não argumentos dos predicados.

Resumindo, o falante sabe intuitivamente organizar os itens lexicais em categorias gramaticais, conforme suas características morfológicas, distribucionais e semânticas. Sabe também agrupar essas categorias em constituintes de forma hierárquica e, finalmente, sabe que esses constituintes se organizam a partir de um núcleo que impõe exigências sintáticas e semânticas para os elementos que vão compor com ele a sentença (Negrão; Scher; Viotti, 2005, p. 106).

3.4.5 A ordem nas visões formalista e funcionalista

Como vimos anteriormente, a teoria gerativa, formalista por natureza, explica o ordenamento das palavras na sentença com base na competência do falante

> que lhe permite segmentar uma sentença em blocos significativos que mantêm uma relação hierárquica entre si. [Os casos de diferenças de ordem se explicam pelo modelo P&P, dentro do qual as diferenças se dão pela marcação de parâmetros.] Mais do que buscar verificar a preferência de dada opção encontrada na língua para determinado uso, pretende-se explicar a estruturação sintática/formal que subjaz a cada sistema linguístico, derivado das possibilidades da Gramática Universal e da fixação de parâmetros que, somados, dão corpo a uma gramática particular. (Augusto; Berlinck; Scher, 2003, p. 219)

Para o funcionalismo, a questão da ordem se explica exclusivamente em função da comunicação. Entendem os funcionalistas que existem várias possibilidades de ordenamento de palavras para formação de sentenças em uma determinada língua e que essas possibilidades de ordenamento não obedecem a nenhuma hierarquia, mas a funções comunicativas.

A língua portuguesa, por exemplo, é uma língua do tipo SVC, isto é, que segue o ordenamento sujeito-verbo-complemento para uma sentença. Alguns verbos, porém, sistematicamente antecedem o sujeito, como em "Apareceu uma pessoa". Na perspectiva funcionalista, essa é uma maneira de introduzir um novo tópico no discurso (Augusto; Berlinck; Scher, 2003, p. 134). Isso significa que, por ser uma informação nova para o ouvinte, o falante dá preferência a essa ordem.

Como pudemos ver, na perspectiva gerativista, o falante estrutura as sentenças da língua de acordo com princípios, que são universais a todas as línguas, e com os parâmetros fixados para sua língua em particular no período da aquisição. Para os funcionalistas, o ordenamento se dá em função do objetivo comunicativo.

Anteriormente, ao discorrermos sobre morfologia, apresentamos algumas ideias sobre a linguística probabilística como um modelo que questiona os pressupostos do gerativismo. Na sintaxe também existem trabalhos promissores que defendem modelos probabilísticos para a estrutura da linguagem. Manning (2003) questiona o poder altamente explicativo das hipóteses gerativas, que, na realidade, fracassam por não se conectarem com dados linguísticos reais. O autor se coloca diante do impasse de mostrar como modelos probabilísticos podem ser combinados com sofisticadas teorias linguísticas para oferecer explicações sintáticas, defendendo uma abordagem alternativa para a linguística, que permita unidades contínuas e quantitativas. O autor dá um exemplo de como se alteram as "regras" da gramática para atender a novas necessidades comunicativas. Segundo ele, a mudança é sempre gradual, partindo de "erros" gramaticais que se tornam formas "corretas" da língua por meio do uso. Manning (2003) exemplifica com o termo *e-mail* ("correspondência eletrônica", em inglês), que analogicamente ao termo *mail* (correspondência) seria um substantivo incontável na língua inglesa e por isso não poderia ser colocado no plural ou usado com um artigo indefinido. No entanto, está se tornando um substantivo contável, que pode ter flexão de número. O autor relata que, na primeira vez em que ouviu a sentença *"I just got **an** interesting **e-mail** about that"* ("Acabei de receber um *e-mail* interessante sobre isso"), ela soou completamente errada, em razão do uso do artigo indefinido no sintagma ***an** interesting e-mail*. Depois, tornou-se muito comum, mas ainda não soava bem, até que ele próprio se ouviu usando essa forma. Depois de apresentar vários outros exemplos e argumentos, o autor conclui afirmando que há muitos fenômenos em sintaxe que clamam por modelos e explicações probabilísticas e não categóricas, acrescentando que essa área é muito promissora para a nova geração de estudiosos da sintaxe.

Vamos, agora, passar para outro módulo do diagrama, enfocando a parte sonora da língua.

3.5 Fonologia

Vamos analisar os aspectos relacionados aos sons de uma língua, aquelas informações que serão encontradas na caixinha que tem conexão direta com a boca e com os ouvidos do falante – a da **fonologia**. Assim como existem regras para a colocação das palavras na sentença, como vimos na sintaxe, e regras para o agrupamento de unidades significativas para a formação de palavras, que são o objeto de estudo da morfologia, há também regras para o agrupamento de unidades, ainda menores, não dotadas de significado, que representam os sons pronunciados nos enunciados do falante. Essas unidades, que compõem o sistema sonoro da língua, são objeto de estudo de duas disciplinas: a **fonética** e a **fonologia**. Embora no diagrama de Pinker figure somente uma delas, a fonologia, achamos conveniente, em virtude da importância da fonética, iniciar nossa discussão com uma análise sobre a diferença entre esses dois campos.

3.5.1 Fonética *versus* fonologia

Linguistas do Círculo de Praga, em especial Jakobson e Trubetzkoy, dos quais também já falamos no Capítulo 2, propuseram, durante o

Primeiro Congresso Internacional de Linguística, realizado em Haia, em 1928, o estabelecimento de duas ciências, uma que se ocupasse dos sons da fala – a fonética – e outra que tratasse dos sons da língua – a fonologia (Mori, 2003, p. 175). Desde então, tem havido muita discussão sobre a relação entre fonética e fonologia e sobre a importância de cada uma delas dentro dos estudos linguísticos.

Muitas vezes é difícil distinguir as duas disciplinas da linguística que tratam dos sons. Ambas, fonética e fonologia, têm como objeto de estudo os sons da fala, mas têm pontos de vista diferentes. Para ficar mais fácil a distinção entre elas, vamos voltar a duas dicotomias de Saussure, abordadas nos dois capítulos anteriores – língua e fala. A língua, na concepção de Saussure, é aquela entidade abstrata da qual nós nos utilizamos para a comunicação, e a fala é a forma individual como cada um de nós utiliza a língua. A fonologia trata da organização dos **sons na língua**, enquanto a fonética trata da realização desses **sons na fala**. Numa outra dicotomia apresentada por Saussure, significante/significado, o primeiro termo designa a imagem acústica que se une ao significado do signo linguístico no cérebro do falante. Pois bem, enquanto a fonologia trata dessa entidade psíquica e abstrata existente nos cérebros do conjunto de falantes de uma língua, a fonética se ocupa da produção propriamente do significante na fala.

Não vamos entrar aqui na discussão sobre a maior ou menor importância de uma ou de outra disciplina ou sobre que tipo de relação deve haver entre elas. Temos a convicção de que as duas são importantes para a compreensão de como os sistemas linguísticos se organizam em sua composição sonora e como os sons são produzidos pelos falantes. Por isso, vamos tratar de elementos que compõem o objeto de estudo no ponto de vista das duas disciplinas.

Apresentamos, na sequência, o quadro que traz o *International Phonetic Alphabet* (IPA), ou Alfabeto Fonético Internacional. Elaborada pela Associação Internacional de Fonética, esse quadro contém símbolos que servem à representação fonética dos sons produzidos em todas as línguas naturais, constituindo-se em uma notação universal para esse propósito. O IPA foi publicado pela primeira vez em 1888 e, desde então, passou por várias revisões.

3.5.2 Fone, fonema e alofone

Muitos linguistas, principalmente no período do estruturalismo descritivo, estiveram envolvidos com o estudo de línguas desconhecidas, e uma parte do trabalho consistia em elaborar um sistema ortográfico para as línguas que estavam sendo estudadas. Foram, então, desenvolvidas técnicas de análise fonológica para o estudo sistemático dos dados fornecidos pelos falantes dessas línguas. Essas técnicas foram produzidas com base em pressupostos teóricos estruturalistas e agrupadas numa forma de análise que chamaram de *fonêmica*.

Quadro 3.1 – Alfabeto Internacional de Fonética (Revisado em 1993, atualizado em 1996)

Consoantes (mecanismo de corrente de ar pulmonar)

	bilabial	labiodental	dental	alveolar	pós-alveolar	retroflexa	palatal	velar	uvular	faringal	glotal
Oclusiva	p b			t d		ʈ ɖ	c ɟ	k ɡ	q ɢ		ʔ
Nasal	m	ɱ		n		ɳ	ɲ	ŋ	ɴ		
Vibrante	ʙ			r					ʀ		
Tepe (ou flepe)				ɾ		ɽ					
Fricativa	ɸ β	f v	θ ð	s z	ʃ ʒ	ʂ ʐ	ç ʝ	x ɣ	χ ʁ	ħ ʕ	h ɦ
Fricat. lateral				ɬ ɮ							
Aproximante		ʋ		ɹ		ɻ	j	ɰ			
Aprox. lateral				l		ɭ	ʎ	ʟ			

Em pares de símbolos tem-se que o símbolo da direita representa uma consoante vozeada. Acredita-se serem impossíveis as articulações nas áreas sombreadas.

Consoantes (mecanismo de corrente de ar não pulmonar)

Cliques		Implosivas vozeantes		Ejectivas		
ʘ	bilabial	ɓ	bilabial	ʼ	como em	
ǀ	dental	ɗ	dental/alveolar	pʼ	bilabial	
ǃ	pós-alveolar	ʄ	palatal	tʼ	dental/alveolar	
ǂ	palatoalveolar	ɠ	velar	kʼ	velar	
ǁ	lateral alveolar	ʛ	uvular	sʼ	fricativa alveolar	

Suprasegmentos

ˈ	acento primário	ˌfoʊnəˈtɪʃən
ˌ	acento secundário	
ː	longa	eː
ˑ	semi-longa	eˑ
˘	muito breve	ĕ
.	divisão silábica	ɹi.ækt
|	grupo acentual menor	
‖	grupo entonativo principal	
‿	ligação (ausência de divisão)	

Tons e acentos nas palavras

Nível		Contorno	
e̋ ou ˥	muito alta	ê ou ˩˥	ascendente
é ˦	alta	ê ˥˩	descendente
ē ˧	média	ê ˦˥	alto ascendente
è ˨	baixa	ê ˩˨	baixo ascendente
ȅ ˩	muito baixa	ê ˧˩˧	ascendente-descendente etc.
↓	downstep (quebra brusca)	↗	ascendência global
↑	upstep (subida brusca)	↘	descendência global

(continua)

(Quadro 3.1 – conclusão)

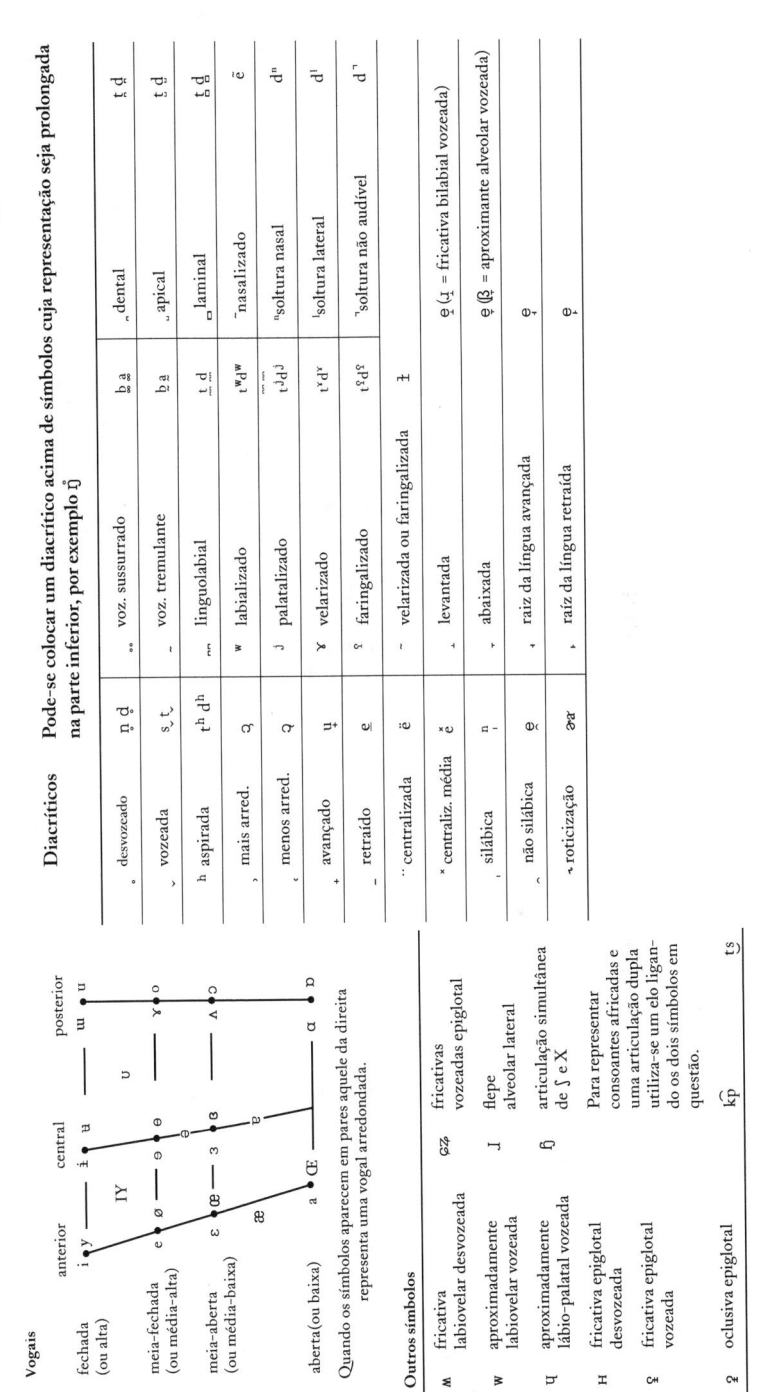

Vogais

```
         anterior    central    posterior
fechada   i y          ɨ ʉ        ɯ u
(ou alta)
              ɪ ʏ                  ʊ
meia-fechada  e ø       ɘ ɵ       ɤ o
(ou média-alta)
                     ǝ
meia-aberta   ɛ œ      ɜ ɞ        ʌ ɔ
(ou média-baixa)
                 æ       ɐ
aberta(ou baixa) a  Œ              ɑ  ɒ
```

Quando os símbolos aparecem em pares aquele da direita representa uma vogal arredondada.

Outros símbolos

ʍ	fricativa labiovelar desvozeada	ɕʑ	fricativas vozeadas epiglotal
w	aproximamente labiovelar vozeada	ɾ	flepe alveolar lateral
ɥ	aproximamente lábio-palatal vozeada	ʩ	articulação simultânea de ʃ e X
H	fricativa epiglotal desvozeada		Para representar consoantes africadas e uma articulação dupla utiliza-se um elo ligando os dois símbolos em questão.
ʢ	fricativa epiglotal vozeada		
ʡ	oclusiva epiglotal	k͡p t͡s	

Diacríticos

Pode-se colocar um diacrítico acima de símbolos cuja representação seja prolongada na parte inferior, por exemplo ŋ̊

̥	desvozeado	n̥ d̥	̤	voz. sussurrado	b̤ a̤
̬	vozeada	s̬ t̬	̰	voz. tremulante	b̰ a̰
ʰ	aspirada	tʰ dʰ	̪	linguolabial	t̪ d̪
̹	mais arred.	ɔ̹	ʷ	labializado	tʷ dʷ
̜	menos arred.	ɔ̜	ʲ	palatalizado	tʲ dʲ
̟	avançado	u̟	ˠ	velarizado	tˠ dˠ
̠	retraído	e̠	ˤ	faringalizado	tˤ dˤ
̈	centralizada	ë	̴	velarizada ou faringalizada	ɫ
̽	centraliz. média	ě	̝	levantada	e̝ (ɹ̝ = fricativa bilabial vozeada)
̩	silábica	n̩	̞	abaixada	e̞ (β̞ = aproximante alveolar vozeada)
̯	não silábica	e̯	̘	raíz da língua avançada	e̘
˞	roticização	ɚ	̙	raíz da língua retraída	e̙
			̺	dental	t̺ d̺
			̻	apical	t̻ d̻
			̺	laminal	t̺ d̺
			̃	nasalizado	ẽ
			ⁿ	soltura nasal	dⁿ
			ˡ	soltura lateral	dˡ
			̚	soltura não audível	d̚

Fonte: SILVA, T. C. **Fonética e fonologia do português**: roteiro de estudos e guia de exercícios. 7. ed. São Paulo: Contexto, 2003. p. 41.

Para a análise fonêmica de uma língua, os dados são colhidos e os sons relacionados num quadro fonético. Cada som desse quadro é chamado **fone**. Então é feita uma análise dos **sons foneticamente semelhantes** e formam-se pares de sons semelhantes, chamados *pares suspeitos*. Se o par suspeito é capaz de formar palavras diferentes, gerando um par mínimo, os segmentos serão considerados **fonemas** distintos. Muitas vezes, um mesmo fonema pode ter realizações fonéticas diferentes, que podem ser determinadas pela posição do segmento na palavra, pelas condições de acento e tom, por diferenças dialetais ou, muitas vezes, por uma combinação de vários fatores. A essas diferentes variações de um mesmo fonema dá-se o nome de **alofone**.

Quadro 3.2 – Conceitos básicos da fonêmica

Fone	Unidade sonora atestada na produção da fala, precedendo qualquer análise. Os fones são os segmentos vocálicos e consonantais encontrados na transcrição fonética.
Fonema	Unidade sonora que se distingue funcionalmente das outras unidades da língua. Método de identificação de um fonema: par mínimo.
Alofone	Unidade que se relaciona à manifestação fonética de um fonema. Alofones de um mesmo fonema ocorrem em contextos exclusivos.
Variantes posicionais	São alofones que dependem do contexto.
Variantes livres	São alofones que não dependem do contexto.
Par suspeito	Representa o grupo de dois sons que apresentam características fonéticas semelhantes (SFS) e devem ser caracterizados como fonemas ou como alofones.

Fonte: Elaborado com base em Silva, 2003, p. 135.

Vamos exemplificar esses termos da fonêmica: em português brasileiro, a palavra *tia* tem duas formas diferentes de produção, dependendo da origem do falante. Pessoas de Pernambuco ou de algumas cidades do Estado de Santa Catarina, ou ainda de algumas cidades do Estado de São Paulo pronunciam [tie], enquanto pessoas de outras regiões do Brasil pronunciam [tʃie]. Como o par [tie] – [tʃie] são realizações diferentes de uma mesma palavra, o par [tʃ – t] são **alofones** de um mesmo fonema, o /t/. Já em língua inglesa, podemos comparar o par *tip/chip*, respectivamente pronunciados [tɪp] – [tʃɪp], que são duas palavras diferentes*. Isso significa que, em inglês, o par /tʃ – t/ são dois **fonemas** distintos e as palavras *tip/chip* formam um **par mínimo**.

Resumindo, os fones se constituem nas unidades sonoras que são produzidas por um falante e que são transcritas foneticamente para se realizar a análise fonêmica. Os fonemas são unidades abstratas que compõem o sistema sonoro formado pelos segmentos que constituem as palavras de uma língua. Já os alofones são as diferentes formas de realização de um mesmo fonema.

3.5.3 Os segmentos

As definições que vimos de fones, fonemas e alofones referem-se, todas, a segmentos, ou seja, à distinção entre os sons propriamente ditos – sons consonantais ou vocálicos. As distinções que se pode fazer entre os segmentos consonantais estão no ponto de articulação, no modo de articulação e na vibração ou não das pregas vocais. Os segmentos vocálicos se distinguem pela abertura da boca, pelo posicionamento da língua ou pelo arredondamento dos lábios.

A fala, no entanto, não acontece simplesmente por emissão de consoantes e vogais. Outras unidades maiores também são passíveis de análise para a melhor compreensão do sistema sonoro de uma língua e da realização desse sistema na fala. Essas unidades maiores, chamadas

---

* *Tip* pode significar "ponta", "gorjeta" ou "palpite"; *chip* pode significar "lasca de madeira", "batata frita" ou "componente de computador".

de *suprassegmentos* ou *elementos prosódicos*, são o acento, o ritmo, a entonação, entre outros. Embora cientes da importância dos elementos prosódicos para uma boa compreensão da fonologia de uma língua, vamos aqui nos ater às questões segmentais, ou seja, às consoantes e às vogais, e vamos também tratar um pouco da sílaba. Ao final desta seção sobre fonologia, teceremos comentários sobre alguns modelos fonológicos que se desenvolveram desde a definição da fonologia como a disciplina que trata do sistema sonoro da língua.

3.5.4 As consoantes

As consoantes são os segmentos que se realizam por obstrução total ou parcial da passagem do ar nas cavidades faríngea ou bucal (Cavaliere, 2005, p. 103). Na língua portuguesa, caracterizam-se por serem assilábicas, sempre se apresentando em posições periféricas da sílaba, assim como as semivogais[m], pois o centro da sílaba é sempre ocupado por uma vogal. As consoantes do português podem ocupar tanto a posição pré-vocálica quanto a pós-vocálica, embora a posição de final de sílaba sofra inúmeras restrições, isto é, poucas consoantes podem figurar no final de uma sílaba em português.

As consoantes podem ser classificadas quanto ao ponto de articulação, quanto ao modo de articulação e quanto ao papel das pregas vocais. O inventário consonantal da língua portuguesa consta de 19 segmentos consonantais, organizados em grupos triangulares, conforme o quadro a seguir, proposto por Câmara Júnior (1970, p. 50) e apresentado por Cavaliere (2005).

Quadro 3.3 – Classificação das consoantes

	oclusivas		fricativas		nasais	líquidas	
	surdas	sonoras	surdas	sonoras		laterais	vibrantes
labiais	/p/	/b/	/f/	/v/	/m/		
anteriores	/t/	/d/	/s/	/z/	/n/	/l/	/ɾ/
posteriores	/k/	/g/	/ʃ/	/ʒ/	/ɲ/	/ʎ/	/ʀ/

Fonte: Cavaliere, 2005, p. 111.

Os símbolos constantes no quadro são do IPA, e a maioria deles representa a mesma consoante na grafia. Assim, o /p/ refere-se ao primeiro segmento da palavra *pato*. Alguns símbolos, porém, não existem em nosso alfabeto gráfico:

/ʃ/ – *chave*   /ʒ/ – *janela*   /ɲ/ – *rainha*   /ʎ/ – *alho*   /ɾ/ – *caro*   /ʀ/ – *carro*

Na classificação apresentada no quadro, o **ponto de articulação** é dado pelas posições dos articuladores: labiais (que compreendem as bilabiais e as labiodentais), anteriores (as dentais ou alveolares) ou posteriores (palatais e velares). O **modo de articulação** se refere a como as constrições se realizam na produção das consoantes, que podem ser: oclusivas, fricativas, nasais e líquidas. Finalmente, quanto à **vibração ou não das pregas vocais**, as consoantes podem ser sonoras (vozeadas), quando há vibração das pregas, ou surdas (não vozeadas), quando não há vibração.

3.5.5 As vogais

Se as consoantes se caracterizam pela obstrução da passagem de ar, os sons vocálicos são produzidos sem obstáculos. O ar passa livremente e sempre com vibração das pregas vocais. As **vogais orais** do português são sete, como nas palavras *briga, cabelo, cadela, gato, avô, avó* e *fuga*.

Quadro 3.4 – Vogais orais tônicas do português

	anterior arred.	anterior não arred.	central arred.	central não arred.	posterior arred.	posterior não arred.
alta		i			u	
média-alta		e			o	
média-baixa		ɛ			ɔ	
baixa				a		

Fonte: Silva, 2003, p. 79.

No inventário de sons vocálicos do português, também se encontram **vogais nasais**, que são produzidas com o abaixamento do véu palatino, provocando a entrada de ar pela cavidade nasal. São elas: [i, e, a, u, õ], como nas palavras *sim, cento, sã, tonto* e *junto*.

3.5.6 As semivogais

Como afirmamos anteriormente, as consoantes se distinguem das vogais em dois pontos: pela obstrução parcial ou total da passagem de ar e pelo caráter assilábico, isto é, por se colocarem sempre em posição periférica na sílaba, nunca no núcleo. Os sons vocálicos, por sua vez, passam livremente pela boca ou pela cavidade nasal e colocam-se no centro da sílaba em língua portuguesa. Existem segmentos que apresentam características mistas, por isso são chamados de *semivogais* ou *semiconsoantes*, existindo também a denominação *glide**. Sua característica mista se dá porque são segmentos que se pronunciam como as vogais /i/ e /u/, mas que sempre se posicionam no início ou no final da sílaba, assumindo posição de consoantes. São representadas com os símbolos /j/ e /w/ no IPA. As interpretações sobre o valor das semivogais são controversas nas teorias fonológicas, mas aqui nos cabe apenas mencionar a

---

* Pronuncia-se "glaide".

existência desses elementos, que, juntamente com uma vogal, formam os ditongos e os tritongos da língua portuguesa.

3.5.7 Traços distintivos

Até agora, tratamos o fonema como sendo a unidade mínima da fonologia, seja ele um segmento vocálico, seja ele um segmento consonantal. Se considerarmos **mínima** a unidade divisível linearmente, é verdadeira a afirmação de que o fonema é o menor elemento da cadeia sonora. Acontece que cada segmento é formado por um conjunto de características que o torna diferente dos demais e permite a distinção entre as palavras da língua. Assim, reconhecemos a diferença entre *lá* e *lã* pelo traço de nasalidade contido na vogal da segunda palavra ou entre *bato* e *pato* pelo traço de sonoridade na consoante inicial da primeira.

Os **traços distintivos** são propriedades de natureza acústica ou articulatória dos segmentos e constituem-se dentro do sistema fonológico da língua. Os traços se agrupam de forma homogênea e realizam-se simultaneamente. Vamos recordar a discussão sobre o processo fonológico que a maioria dos falantes brasileiros realiza em /t/ quando essa consoante é seguida pela vogal [i], sendo pronunciada [tʃ]. Não é com um segmento somente que o processo acontece, mas com aqueles que compartilham das mesmas propriedades que provocam o processo, neste caso: um fonema oclusivo alveolar (ou dental) realiza-se foneticamente como uma consoante africada, quando antecede uma vogal alta anterior. Desse modo, esse processo fonológico acontece com /t – d/ – consoantes oclusivas alveolares –, que, quando seguidas de [i] – vogal alta anterior –, realizam-se como consoantes africadas [tʃ – dʒ].

Apenas a título de exemplificação, vamos apresentar um quadro com a matriz fonológica das consoantes do português do Brasil, segundo notações binárias, que indicam a existência (+) ou a inexistência (–) do traço. Há muita discussão teórica sobre serem ou não serem binários os traços distintivos, mas não vamos nos preocupar com essa questão aqui.

Quadro 3.5 – Classificação de consoantes segundo notação binária

	/p/	/b/	/t/	/d/	/k/	/g/	/f/	/v/	/s/	/z/	/ʃ/	/ʒ/	/m/	/n/	/ɲ/	/l/	/ʎ/	/ɾ/	/R/
contínua	−	−	−	−	−	−	+	+	+	+	+	+	−	−	−	+	+	+	+
lateral	−	−	−	−	−	−	−	−	−	−	−	−	−	−	−	+	+	−	−
anterior	+	+	+	+	−	−	+	+	+	+	−	−	+	+	−	+	−	+	−
coronal	−	−	+	+	−	−	−	−	+	+	+	+	−	+	+	+	+	+	−
sonora	−	+	−	+	−	+	−	+	−	+	−	+	+	+	+	+	+	+	+
nasal	−	−	−	−	−	−	−	−	−	−	−	−	+	+	+	−	−	−	−
soante	−	−	−	−	−	−	−	−	−	−	−	−	+	+	+	+	+	+	+

Fonte: Cavaliere, 2005, p. 113.

3.5.8 A sílaba

Para se tornarem pronunciáveis, os segmentos se agrupam e formam unidades maiores chamadas *sílabas*. A sílaba é um elemento sonoro de difícil definição, e seu estudo vem se mostrando cada vez mais interessante aos pesquisadores. Dependendo do ponto de vista teórico adotado, haverá uma definição diferente. Ficamos aqui com uma definição do ponto de vista articulatório, segundo o qual "a sílaba pode ser definida como uma sequência sonora produzida mediante expulsão do ar dos pulmões conjugada com segmentos de maior ou menor tensão muscular, de que decorre um efeito acústico discreto, isto é, descontínuo" (Cavaliere, 2005, p. 120). A estrutura silábica mais comum nas línguas do mundo, representada na ilustração a seguir, é formada por uma consoante (no ataque) seguida de uma vogal (no núcleo), que pode ser seguida ou não de outra consoante (em coda^{m}) – CV(C).

Figura 3.2 – A estrutura da sílaba

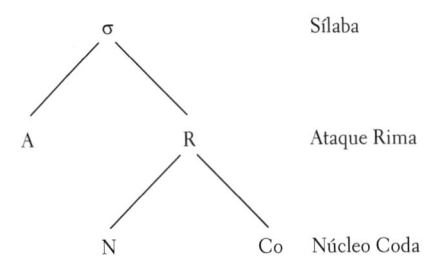

```
            σ                Sílaba
           / \
          /   \
         A     R             Ataque Rima
              / \
             /   \
            N    Co          Núcleo Coda
```

Fonte: Selkirk, 1982.

Na estrutura silábica da língua portuguesa, as posições de ataque e coda, nas quais ficam os segmentos assilábicos (consoantes ou semivogais), podem ser preenchidas ou não e podem ser complexas, isto é, conter dois elementos. As sílabas podem ser abertas, quando terminadas em vogal, ou fechadas, quando a coda está preenchida (Mori, 2003, p. 175) – estas também chamadas *sílabas travadas*. Vejamos alguns exemplos de sílabas em português:

~ a.cor.do – V.CVC.CV
~ pers.pi.caz – CVCC.CV.CVC
~ prá.ti.co – CCV.CV.CV
~ a.gru.par – V.CCV.CVC

3.5.9 Modelos fonológicos

A exemplo da morfologia e da sintaxe, a fonologia também recebeu olhares diferentes nas diversas correntes teóricas, cada uma das quais oferecendo um *status* específico a ela ou aos seus componentes. O estruturalismo se apresentou em duas vertentes principais. Uma delas é a **fonêmica**, que tem como unidade mínima de análise o fonema e como texto clássico o livro *Phonemics: a Technique for Reducing Languages to Writing*, de Kenneth Pike (1947). Esse movimento foi muito importante para a linguística como um todo pelos procedimentos metodológicos desenvolvidos, mas a fonologia prevalecia sobre a morfologia e a sintaxe. A outra proposta teórica de peso no estruturalismo foi a do **Círculo Linguístico de Praga**, com os trabalhos de Trubetzkoy e Jakobson. Os primeiros estudos de traços distintivos aconteceram dentro do Círculo (Silva, 2003, p. 188). Em 1952, é publicado *Preliminaries to Speech Analysis*, de Jakobson, Fant e Halle. Mais tarde, em 1956, Jakobson e Halle lançam *Fundamentals of Language*, obra em que postulam traços definidos em termos acústicos.

Com o objetivo de expressar as generalizações dos sistemas fonológicos, surge a **fonologia gerativa padrão**, que propõe um novo sistema de traços, dessa vez definidos em termos articulatórios, descrito no livro *The Sound Pattern of English* (SPE), de Chomsky e Halle (1968) (Mori, 2003, p. 162). Esse modelo causa grande impacto nos meios linguísticos pela proposta da existência de uma estrutura profunda na mente do falante, que geraria, por meio de regras, estruturas superficiais, as quais, por sua vez, por meio do acesso a um componente fonológico, gerariam representações fonéticas. Assim como no modelo gramatical da sentença, a fonologia gerativa visa descrever os princípios universais que regulam os sistemas sonoros para a compreensão dos mecanismos da gramática universal (Silva, 2003, p. 199).

A teoria gerativa recebeu diversas críticas, entre as quais a principal foi a de não conferir à sílaba um *status* teórico. Em consequência, vários outros modelos surgiram para colocar a sílaba no centro da análise, agrupando-se na chamada *fonologia não linear*, em oposição aos modelos gerativos, que se centram na análise dos segmentos de forma linear. Alguns dos principais modelos não lineares são: a fonologia CV e a fonologia autossegmental, a fonologia lexical, a fonologia métrica e a teoria da otimalidade.

Um ponto em comum entre esses modelos não lineares é que, apesar da crítica à fonologia gerativa, eles têm nela uma base de sustentação.

Outros modelos surgem, no entanto, opondo-se radicalmente aos seus pressupostos. Vamos abordar aqui mais uma vez a linguística probabilística, que vai ter na fonologia os trabalhos mais robustos.

3.5.10 A linguística probabilística na fonologia

Como mencionamos diversas vezes neste livro, os pressupostos da linguística gerativa dominaram a linguística moderna por décadas. Segundo esses pressupostos, a língua é categórica e a competência se define por categorias discretas, ou seja, com valor único, sem matizes intermediários. Isso significa que um traço de vozeamento, por exemplo, ou existe ou não existe em um segmento. As consoantes /p/ e /b/ se distinguem por esse traço e não há um meio termo, o /p/ não tem vozeamento, enquanto o /b/ tem. A variabilidade explica-se apenas pelo desempenho do falante. Os modelos nascidos no gerativismo assumem a existência de um nível abstrato subjacente – a representação fonológica – e um nível de superfície – a representação fonética. Estudos recentes têm analisado de forma conjunta os níveis fonológico e fonético e têm se voltado para o papel dos números como parte da competência linguística.

A linguística probabilística torna protagonistas elementos não considerados, ou considerados apenas como coadjuvantes na teoria gerativa. A frequência de uso e a gradiência dos itens linguísticos assumem importância primordial no modelo. Na fonologia, diversos estudos lançam um olhar probabilístico à estrutura sonora, dando à frequência o papel principal na aquisição das competências fonética e fonológica, na produção e percepção da fala e nas representações mentais (Gomes, 2009). Vamos mencionar aqui dois modelos que nascem das pressuposições probabilísticas, apenas para registrar que existem e que é possível se aprofundar no tema com as leituras recomendadas.

A fonologia de uso e o modelo de exemplares

Na **fonologia de uso**, apresentada pela linguista Joan Bybee (2001), as palavras são armazenadas no léxico de uma forma dinâmica probabilística, com base no uso. A língua é considerada um objeto cultural instituído por convenção, em que o papel criativo da repetição adquire importância fundamental. É pela repetição que se dá a aquisição fonológica. "Os padrões fonológicos e as representações lexicais são formados a partir da frequência com que os itens são usados na percepção e na produção da fala" (Brawerman-Albini; Gomes, 2014, p. 28). Existem duas formas de se considerarem os efeitos de frequência: a frequência de ocorrência do item (o número de ocorrência de certa unidade linguística, em geral, a palavra) e a frequência de tipo (a frequência de determinado padrão). Com o uso frequente de determinadas palavras ou padrões, o falante forma um mapa nas representações mentais.

Contrário à ideia de regras, o modelo de Bybee prevê a existência de esquemas ou redes que se formam por itens gradientes. Um mesmo item pode ser ouvido muitas vezes com pequenas ou grandes diferenças fonéticas e essas ocorrências são armazenadas na memória. Com comportamento probabilístico, o falante vai escolher um dos itens de ocorrência para produção, considerando diversos fatores – fonológicos, morfológicos, pragmáticos, sociais. Voltando ao exemplo da pronúncia da palavra *tia*, que usamos para tratar de alofone e, depois, dos traços distintivos, na fonologia de uso, o tratamento é diferente. A alofonia no modelo é gradiente, ou seja, não se concebe a existência de apenas dois alofones para /t/, o [t] e o [tʃ]. Entre um e outro, há muitas possibilidades de produção. "O modelo explica a aquisição da fonologia como gradual e cada vez mais precisa em detalhes fonéticos na percepção e produção das palavras e frases da língua, dependendo do uso" (Brawerman-Albini; Gomes, 2014, p. 29).

Compatível com a proposta de Bybee para a fonologia de uso, outra linguista, Janet Pierrehumbert (2000, 2001a, 2001b, 2003) vai buscar na psicologia um modelo de similaridade e classificação, uma forma de compreender como as línguas funcionam e como se dá a aquisição de linguagem: o **modelo de exemplares**. No modelo, a aquisição se dá pela formação de um mapa cognitivo que apresenta níveis múltiplos de representação. "O sistema fonológico se inicia a partir dos dados estatísticos na fala, com as frequências de ocorrência, e vai se refinando com as estatísticas dos tipos existentes no léxico. O reconhecimento, a identificação e a discriminação dos sinais de fala se fazem por regras de escolha estatística" (Gomes, 2009, p. 155). Esse modelo explica como o ser humano aprende os padrões da língua, como esses padrões são formados e como eles podem ser modificados ao longo da vida.

Como afirmamos em outro texto (Brawerman-Albini; Gomes, 2014, p. 30), esses dois modelos são "uma demonstração de que temos um novo modo de conceber a aquisição de linguagem. Sem descartar os grandes benefícios das tradições estruturalista e gerativista, a linguística probabilística vem trazer mais vigor aos estudos sobre a linguagem".

Neste ponto, encerramos nossa breve discussão sobre alguns conceitos básicos da teoria fonológica e sobre algumas contribuições de correntes teóricas que se desenvolveram com base no estruturalismo. Esperamos que esse seja o ponto de partida para os leitores que queiram aprofundar-se na fonologia das línguas e nas correntes teóricas que tentam explicá-las. Passemos, então, à nossa última caixinha (ou seria a primeira?), que vai fazer a ligação entre a mente do falante e a língua como instituição social – aquela que trata do significado.

3.6 Semântica

Tradicionalmente, considera-se a semântica a parte da linguística que se preocupa em descrever o **significado de palavras e sentenças das línguas**. Embora essa definição do objeto de estudo da semântica pareça simples, o termo *significado* tem levantado muitas questões entre os filósofos e os semanticistas, não havendo consenso sobre o que se entende por tal palavra. Uma das dificuldades de delimitação desse termo vem do fato de que ele pode ser empregado em diferentes situações de fala, indicando, portanto, diferentes ideias de uso. Vejamos alguns casos:

(a) Qual o significado de *ave*?
(b) Qual o significado do seu choro?
(c) Qual o significado da vida?

Em (a), queremos saber o que significa o termo *ave*; em (b) é a intenção não linguística que está em jogo (o motivo do choro), e (c) remete a questões metafísicas. Já podemos fazer uma primeira delimitação: somente a forma (a), por referir-se ao significado linguístico, seria do interesse do semanticista. Assim, esse teórico preocupa-se em descrever o significado linguístico de palavras e sentenças.

Outra dificuldade de conceituar o termo *significado* deve-se ao fato de que "a problemática do significado transborda as próprias fronteiras da linguística, porque ela está fortemente ligada à questão do conhecimento" (Oliveira, 2003, p. 18). Assim, surgem questões como: O significado seria a relação entre as palavras e as coisas? Seria uma representação mental das coisas no mundo? Estaria em um módulo mental, como sugere o esquema de Pinker? Pertence ao indivíduo ou ao domínio público? Diante de tais perguntas, surgem várias maneiras de se descrever o significado e, por conseguinte, diferentes modelos para se fazer semântica. Entre os modelos mais conhecidos estão a **semântica formal**, a **semântica argumentativa** e a **semântica cognitiva**.

Com essa discussão inicial, pretendemos mostrar que não há uma única forma de entender o significado, sendo esse um conceito atrelado à perspectiva adotada. Em um primeiro momento, trataremos de aspectos gerais do componente semântico no léxico e na sentença. Na sequência, apresentaremos sumariamente algumas noções pertencentes às distintas vertentes do campo da semântica: a formal, a argumentativa e a cognitiva.

3.6.1 Semântica, léxico e gramática

De modo geral, o estudo da semântica de uma língua envolve dois aspectos principais: a semântica dos itens lexicais e a semântica das formas gramaticais. Vejamos como essa divisão funciona.

Os itens lexicais – palavras ou expressões – que formam as sentenças da língua apresentam um significado próprio: *cadeira* não tem o mesmo significado que *cachorro*; *árvore* não tem o significado de *avião*, e assim por diante. Esses significados estão codificados nos itens lexicais por traços semânticos (Perini, 2001, p. 244). No entanto, tanto *cadeira* quanto *cachorro*, *árvore* e *avião* são objetos concretos (traço semântico [+concreto]), porém só *cachorro* tem o traço [+animado]. Pensando na sentença, temos vários itens lexicais relacionados por funções sintáticas, contudo o significado da sentença não é a soma do significado dos itens lexicais que a compõem. Vejamos os exemplos abaixo:

(1) Mariana assustou Felipe.
(2) Felipe assustou Mariana.

Embora os exemplos (1) e (2) tenham os mesmos itens lexicais, não podem ser entendidos como sinônimos. Isso ocorre porque as funções sintáticas são elementos importantes para a construção do significado das sentenças. Assim, a diferença de significado entre os exemplos anteriores resulta da troca das funções sintáticas dos itens *Mariana* e *Felipe*. Analisemos mais detalhadamente a sentença (1). Os traços semânticos dos itens lexicais nos informam que *Mariana* é [+humana], [+feminina], enquanto *Felipe* é [+humano], [+masculino] e que o verbo *assustar* denota uma ação executada por Mariana. Além dos traços semânticos, há regras semânticas que nos indicam que o sujeito *Mariana* é o agente da ação e o objeto direto *Felipe*, o paciente, ou seja, o que sofre a ação.

3.6.2 Relações semânticas

Os tipos de relações semânticas que podem se estabelecer entre palavras e sentenças são bastante variados. De modo a exemplificar a ocorrência de tais relações na língua portuguesa, nesta seção abordaremos a **hiponímia**, a **hiperonímia**, o **acarretamento** e a **pressuposição**.

Define-se como *hiponímia* a relação estabelecida entre duas palavras em que o sentido de uma está incluído no sentido de outra. Assim, considerando-se a ligação existente entre as palavras *beija-flor > ave > animal*, o item lexical mais específico (*beija-flor*) chama-se *hipônimo* e o termo mais geral (*animal*) denomina-se *hiperônimo*. Observemos que a relação de hiponímia não é simétrica, o hipônimo contém seu hiperônimo, mas o oposto não ocorre, pois todo beija-flor é um animal, mas nem todo animal é um beija-flor.

A relação denominada *acarretamento* é similar à de hiponímia, porém se processa no nível da sentença, sendo, pois, mais complexa. Vejamos as seguintes sentenças:

(3) A menina viu um beija-flor no jardim.
(4) A menina viu uma ave no jardim.

Nesse caso, podemos afirmar que (3) acarreta (4), mas (4) não acarreta (3), havendo, portanto, uma relação assimétrica, como ocorre entre hipônimos e hiperônimos.

Embora autores como Cançado (2012) concebam as pressuposições como sendo uma noção semântico-pragmática, para os propósitos deste capítulo preferiremos abordar esse fenômeno na perspectiva referencial, que tem como foco as chamadas *pressuposições lógicas* ou *semânticas*. Cançado (2012) menciona que o estudo desse tipo de pressuposição tem sua origem na observação de Frege, em 1892, de que existe um tipo de conteúdo em certas sentenças que não é afetado quando elas são negadas, transformadas em interrogações ou em uma condicional antecedendo outra sentença. Seguindo esse raciocínio, observemos as seguintes construções:

(5) a. A vizinha do José ganhou na loteria.

a'. A vizinha do José não ganhou na loteria.

a". A vizinha do José ganhou na loteria?

a'''. Se a vizinha do José ganhou na loteria, ela deve dar uma grande festa.

(6) b. O José tem uma vizinha.

Podemos perceber que nas sentenças em (5) o fato de José ter uma vizinha não é alterado, o que permite afirmar que compartilham um tipo específico de conteúdo, o qual é definido por Frege como *pressuposição*. Desse modo, é possível dizer que as sentenças em (5) pressupõem a sentença em (6). Com isso, temos a seguinte definição de pressuposição: "A sentença (a) pressupõe a sentença (b), se, e somente se, a sentença (a), assim como também os outros membros da família da sentença (a) tomarem a sentença (b) como verdade" (Cançado, 2012, p. 39). Com a adequada aplicação dessa definição, podemos determinar se existe ou não uma relação de pressuposição entre duas sentenças.

3.6.3 Noções de semântica formal

Como vimos no Capítulo 2, para Saussure o significado de uma palavra se define numa relação de diferença. Assim, *carro* se define por diferenciar-se de *moto* ou de *bicicleta*. Na abordagem estruturalista, o significado de *carro* não tem nenhuma relação com o mundo, sendo o resultado da diferença com aquilo que **não é**. Para a semântica de tradição lógica*, o significado é um termo complexo composto por duas partes, o **sentido** e a **referência**. Nesse enfoque, a linguagem figura como o elo entre as coisas/ideias do mundo e suas representações.

Uma primeira tentativa de representação do significado tem sua origem nas reflexões de Aristóteles, o qual, a partir do raciocínio dedutivo, mostra que há relações de significado que não dependem do conteúdo das expressões. O exemplo mais clássico é a seguinte máxima:

Todo homem é mortal. João é homem. Logo, João é mortal.

Segundo esse raciocínio, dadas duas proposições, que são as **premissas**, delas se tira uma terceira, a **conclusão**. Veja que esse raciocínio é garantido pelas relações lógicas estabelecidas entre os termos, não sendo necessário saber o que *homem* ou *mortal* significam para chegarmos à conclusão final.

Deve-se ao lógico alemão Friedrich Ludwig Gottlob Frege (1848-1925) a noção de *significado* em termos de *sentido* e *referência* (Frege, 1978). Esses conceitos tornaram-se centrais para a semântica, de forma geral. A abordagem fregeana originou a **semântica de valor de verdade**, a qual descreve o significado em função do conceito de verdade

---

* As teorias que tratam do significado na perspectiva da referência são chamadas de *semântica formal*, ou *semântica lógica*, ou *semântica referencial*, ou, ainda, *semântica de valor de verdade*.

relacionado ao mundo. Aqui entra a noção de **proposição**[m], que é entendida como o conteúdo semântico de uma sentença.

Dessa forma, o significado de uma sentença é descrito como sendo as condições em que ela é empregada verdadeiramente (Oliveira, 2001, p. 94). A sentença

(7) O presidente do Brasil é ex-metalúrgico.

é verdadeira se o presidente do Brasil de fato for um ex-metalúrgico. Portanto, a mesma sentença dita em 2002 ou em 2011 seria falsa, em virtude de que em 2002 o presidente do Brasil era um sociólogo e em 2011 os brasileiros tinham a primeira mulher presidindo o país. Por outro lado, a sentença

(8) A presidente do Brasil é ex-ministra da Casa Civil.

se aplicada ao ano de 2014, é verdadeira.

Com base nesses exemplos, notemos que o valor de verdade de uma sentença vai depender da existência, ou não, do referente. Vale lembrar que nem todas as abordagens semânticas concordam com a ideia de uma teoria do significado dependente do conceito de verdade.

Voltando à proposta de Frege e ao significado como uma relação de sentido e referência, para a sentença (7) vamos ter dois sentidos – "o presidente do Brasil" e "ex-metalúrgico" – para um único referente – *Luiz Inácio Lula da Silva*. Com isso, temos que "uma mesma referência pode, pois, ser alcançada por diferentes sentidos. Quando descobrimos um novo sentido para uma referência, aprendemos algo novo sobre um objeto no mundo [...]. O sentido é, pois, o caminho que nos leva à referência" (Oliveira, 2001, p. 102).

Essa semântica do significado atrelado às condições de verdade apresenta algumas limitações. Como exemplo, podemos citar os casos de tratamento de palavras abstratas (*sinceridade, honestidade, liberdade* etc.) e de sentenças não declarativas (interrogativas, imperativas etc.). Como avaliá-las em termos de valor de verdade? Não é nosso propósito aqui discutir essa questão. De qualquer modo, não podemos negar que a perspectiva formal constitui um referencial teórico importante tanto para a semântica argumentativa quanto para a semântica cognitiva, uma vez que seus modelos são elaborados como explicações alternativas aos problemas levantados no quadro formal (Oliveira, 2001, p. 28).

3.6.4 Noções de semântica argumentativa

Também conhecida como *teoria da argumentação na língua*, a semântica argumentativa surge formalmente nos anos 1970, na França, com as reflexões de Oswald Ducrot sobre os operadores lógicos/argumentativos da sentença. Esse estudioso questiona a noção de referência da semântica formal, pois "acredita que usamos a linguagem não para falar de algo sobre o mundo, mas para convencermos nosso interlocutor a entrar no nosso jogo argumentativo" (Oliveira, 2001, p. 26-27). Nesse enfoque, não interessa se o que é dito é falso ou verdadeiro, mas se ele se presta aos propósitos do convencimento.

Essa vertente teórica busca explicar o sentido construído pelo material linguístico, ou seja, pela relação entre palavras, enunciados e discursos. Combinam-se determinados itens lexicais para construir sentido no discurso. Nas palavras de Barbisan (2013, p. 23, grifo do original), "Ducrot explica esse fato tomando, [...] o conceito de **alteridade** de Platão, assumido como **valor** por Saussure, logo, por relações, tanto paradigmáticas quanto sintagmáticas".

Visando ampliar a compreensão do sentido produzido no discurso, a teoria formula a distinção entre os conceitos de **frase** e **enunciado**, sendo o enunciado entendido como a realização empírica da frase, enquanto esta é considerada uma entidade teórica. Nessa perspectiva, o "discurso é composto de enunciados, constituídos por dois segmentos relacionados, em que o primeiro só adquire sentido a partir do segundo" (Barbisan, 2013, p. 22). É o que acontece nos exemplos (9) e (10):

(9) Estou sem carro (*segmento 1*), por isso (*conector*) vou chamar um táxi (*segmento 2*).

(10) Estou sem carro (*segmento 1*), mas (*conector*) não vou chamar um táxi (*segmento 2*).

Surge, então, a relação entre a significação de uma entidade lexical e a **orientação discursiva**, tornando possível ou não determinada continuação, ou seja, combinações entre aquelas permitidas pela frase. Observemos que, ao selecionar certa continuação para um enunciado, o locutor deixou de escolher outras. Além disso, segundo Barbisan (2013, p. 23), "o sentido de uma entidade lexical no discurso depende da relação, dentre aquelas que são possíveis, criada pelo locutor".

Desde o início da década de 1970, a semântica argumentativa vem se desenvolvendo; em uma segunda fase, acrescenta a noção de **polifonia**, termo que, nas palavras de Koch (2004a, p. 63, grifo do original), "designa o fenômeno pelo qual, num mesmo texto, se fazem ouvir 'vozes' que **falam de perspectivas** ou pontos de vista diferentes com as quais o locutor se identifica ou não". Há certas formas linguísticas que servem de indicadores da presença de outra(s) voz(es) no texto. Alguns exemplos desse tipo de índice são operadores argumentativos, como *ao contrário* e *pelo contrário*, marcadores de pressuposição e o uso de aspas, que pode ser um modo de atribuir o que se diz a outros. Mais recentemente, Oswald Ducrot e Marion Carel (2005) deram prosseguimento aos estudos, com a **teoria dos blocos semânticos**, a qual propõe novos conceitos, como os encadeamentos argumentativos, que se constituem por dois segmentos que recebem sentido na relação um com o outro.

3.6.5 Semântica cognitiva

Às teorias que concebem o significado como uma representação mental, sem qualquer relação com uma referência no mundo, são atribuídas diferentes nomenclaturas (*mentalistas*, *representacionais* ou *cognitivas*).

Essa vertente parte do princípio de que as pessoas se entendem porque são capazes de reconstruir as representações mentais nas quais os outros se baseiam para falar" (Cançado, 2012, p. 27). A semântica de vertente cognitiva surge na década de 1980, com a publicação de *Metaphors We Live by* (*Metáforas da vida cotidiana*), de George Lakoff e Mark Johnson, opondo-se à abordagem gerativa na sintaxe e à abordagem formal na semântica. Como aponta Oliveira (2001), o conceito de pensamento parece ser um dos pontos divergentes entre a abordagem cognitiva e a formal. Na semântica formal, o pensamento é proposicional, funcionando como uma linguagem (Oliveira, 2001, p. 27). Na corrente cognitiva, o pensamento é visto como estruturado por esquemas de imagens, que se manifestam quando falamos. Nessa abordagem, a linguagem ordinária (comum), nossas ações e nossos pensamentos são estruturados por metáforas, que são mapeamentos ou conjuntos de correspondências entre domínios conceituais diferentes. Com isso, entende-se que a forma linguística deriva da significação. É a partir da construção de significados que aprendemos até mesmo a lógica e a linguagem.

Síntese

Neste capítulo nos dedicamos a analisar as estruturas ou, usando a metáfora de Pinker, a dissecar a língua, separando-a em partes. Oferecemos uma visão geral sobre as formas de olhar essas partes para a melhor compreensão de seu funcionamento. Abordamos o léxico, que é o acervo linguístico de uma língua, contido no cérebro/mente do conjunto de falantes dessa língua. Tratamos das regras para a formação das palavras constantes nesse acervo, das regras de colocação das palavras nas sentenças possíveis nessa língua e, ainda, das regras contidas no seu sistema sonoro para tornar possível a pronúncia das palavras nas sentenças.

Finalmente, enfocamos a ligação do acervo linguístico com o mundo por meio do estudo dos significados. Na sequência, caminharemos por outros rumos da linguística, aqueles que colocam o falante no centro da trilha.

Indicações culturais

BIBLIOTECA VIRTUAL DA ESCOLA DO FUTURO. Disponível em: <http://www.bibvirt.futuro.usp.br>. Acesso em: 4 maio 2015.

ESTAÇÃO DA LUZ. Disponível em: <http://www.estacaodaluz.org.br>. Acesso em: 4 maio 2015.

Recomendamos esses dois *sites* a todos os professores e demais pessoas interessadas na língua portuguesa.

Atividades de autoavaliação

1. Assinale com V (verdadeiro) ou F (falso) as afirmações a seguir:
   ( ) A morfologia teve importância fundamental na teoria gerativa.
   ( ) Nossa comunicação é eficiente porque temos consciência das regras gramaticais que aplicamos para falar nossa língua.
   ( ) As categorias gramaticais podem ser definidas por critérios morfológicos e semânticos, mas não sintáticos.
   ( ) A morfologia distribuída nasceu da teoria gerativa, mas dispensa o componente lexical do gerativismo dos anos 1970 e 1980.
2. Considerando os segmentos da língua portuguesa, assinale com V (verdadeiro) ou F (falso) as afirmações a seguir:
   ( ) Na língua portuguesa, as consoantes apresentam-se sempre nas posições periféricas da sílaba.

( ) O sistema vocálico da língua portuguesa é composto de cinco vogais orais e três vogais nasais.

( ) As semivogais são também chamadas de *semiconsoantes*, porque, como as consoantes, só ocupam as posições periféricas da sílaba.

( ) Tanto vogais como consoantes podem ocupar a posição de núcleo em uma sílaba da língua portuguesa.

3. Nas afirmações a seguir, que se referem à semântica, assinale com V as verdadeiras e com F as falsas:

( ) Frege propõe o estudo do significado a partir das noções de sentido e referência, dando origem à semântica das condições de verdade. Nessa perspectiva, o significado passa a ser descrito em função do conceito de verdade, o qual está estreitamente ligado ao conhecimento do estado de coisas do mundo.

( ) Em uma sentença, os itens lexicais estão relacionados por funções sintáticas. Com isso, podemos afirmar que o significado de uma sentença é a soma do significado dos itens lexicais que compõem essa sentença.

( ) Considerando as noções fregeanas de sentido e referência, na sentença "A ex-rainha dos baixinhos é a mãe da Sasha", temos dois sentidos ("ex-rainha dos baixinhos" e "mãe da Sasha") para um único referente: *Xuxa*.

( ) Considerando as noções fregeanas de sentido e referência, na sentença "A ex-rainha dos baixinhos é Maria da Graça Meneghel", temos "Maria da Graça Meneghel" como o sentido e "a ex-rainha dos baixinhos" como o referente.

4. Assinale a afirmação correta:

a) Uma análise fonética se preocupa apenas com a imagem acústica que o falante tem das palavras de sua língua e desconsidera as variações.

b) As consoantes são os segmentos que figuram no núcleo da sílaba, enquanto as vogais ficam nas posições periféricas, chamadas de *ataque* e *coda*.

c) Embora o menor elemento da cadeia sonora da fala, divisível linearmente, seja o fonema, este é formado de um conjunto de características que o torna diferente de outros fonemas da língua. A esse conjunto dá-se o nome de *traços distintivos*.

d) A teoria gerativa deu destaque à sílaba em seus estudos fonológicos.

5. Com base nos temas estudados neste capítulo, marque a opção correta:

a) O significado semântico das formas gramaticais só pode ser estabelecido a partir de um contexto de interação.

b) O verbo *encontrar* seleciona dois argumentos, pois projeta um ser que encontra e outro que é encontrado.

c) No gerativismo, a ordem das palavras na sentença se estabelece por hierarquia entre os constituintes, enquanto, no formalismo, o objetivo comunicativo define o ordenamento.

d) A noção de categoria gramatical, na perspectiva gerativista, é algo que o falante vai adquirindo desde sua infância até o final da vida.

Atividades de aprendizagem

Questões para reflexão

1. Durante o processo de aquisição de linguagem, as crianças costumam trocar fonemas para pronunciarem as palavras, realizando diversos processos fonológicos. Um desses processos pode ser uma posteriorização de uma consoante oclusiva, em que uma criança pode, por exemplo, trocar o /t/ pelo [k] e o /d/ pelo [g]. Tente fazer uma lista de pares mínimos que possam exemplificar trocas feitas por essa criança.

2. Você acha importante, para um professor de língua estrangeira, ter um bom conhecimento da anatomia da língua, isto é, das regras fonológicas, morfológicas e sintáticas? Ou você acha que basta que ele seja fluente e saiba usar bem a língua em diversos contextos?

Atividade aplicada: prática

1. Selecione alguns livros didáticos a que você tenha acesso (pode ser de língua portuguesa ou de qualquer língua estrangeira) e analise como as estruturas são abordadas. Imagine que você esteja fazendo uma análise para efeitos de adoção do livro em sua escola e escreva um relatório para a direção.

Parte II

Os novos campos de pesquisa

Na primeira parte deste livro, vimos que o interesse pela linguagem é bastante antigo, com uma trajetória que remonta aos questionamentos de Platão e Aristóteles. Vimos também que os estudos linguísticos começam a ser considerados como ciência a partir da dicotomia língua/fala, estabelecida por Saussure, e de sua opção pela língua. Essa mesma dicotomia acaba dividindo os estudos linguísticos também de forma dicotômica. Surgem os (sub)campos de estudos que estão interessados na língua propriamente dita, os quais vimos no Capítulo 3, e aqueles que relacionam a língua a aspectos que são exteriores a ela, tais como sua função comunicativa e social e sua aquisição.

Se, nos primeiros, identificamos o chamado *núcleo duro* dos estudos linguísticos, nos segundos, vamos encontrar áreas como a pragmática, a análise da conversação, a linguística textual, a análise do discurso, a sociolinguística, a neurolinguística e a psicolinguística.

Para diferenciar o primeiro grupo do segundo, alguns autores, como Barbara Weedwood (2002, p, 11), têm adotado os termos *microlinguística* e *macrolinguística*, que, por conveniência, também passaremos a empregar. As áreas que fazem parte da macrolinguística, além de pressuporem as bases estruturais da língua, estabelecem inter-relações entre si e também com outros campos do conhecimento. Dessa forma, a interdisciplinaridade entre os campos que apresentaremos nesta segunda parte será uma constante.

Capítulo 4

Tendo em mente as intersecções possíveis entre as diferentes áreas que compõem a macrolinguística, optamos por enfatizar neste capítulo aqueles campos que apresentam algumas aproximações e que mais diretamente estão relacionados ao ensino de línguas. Dessa forma, a pragmática, a linguística textual e a análise do discurso são disciplinas que apresentam pontos comuns entre si e que, cada qual a seu modo, ao tratar do uso que fazemos da linguagem verbal, acabam por vincular-se às práticas de ensino de línguas, maternas ou estrangeiras.

Pragmática, linguística textual e análise do discurso

4.1 Pragmática

Como vimos na primeira parte deste livro, para Saussure, o objeto da linguística era a língua, ou seja, a linguagem menos a fala. Também Chomsky, ao optar pela competência, deixa o desempenho – que é o uso da língua – fora da linguística. Porém, basta observarmos a realização de algumas trocas comunicativas no nosso dia a dia para percebermos que apenas o conhecimento do código não é suficiente para interpretar as ocorrências linguísticas em situações reais de fala.

Imaginemos a seguinte situação: você chega de viagem e encontra esta mensagem em sua secretária eletrônica: "Eu estou chegando em dois dias". Você, assim como qualquer outra pessoa que conheça o português, poderia compreender o **significado literal** (o significado que é intrínseco à forma linguística) da mensagem. Esse primeiro significado, possibilitado pelo código, é constante, fixo, e não está sujeito às mudanças de falante ou situação (Ordoñez, 2002). Como veremos, apenas o significado literal não é suficiente para uma interpretação plena, pois faltam informações extras para que a mensagem possa ser interpretada adequadamente: Quem deixou a mensagem? Em que momento ocorreu o telefonema? E aqui nos deparamos com a questão dos dêiticos[1], que são certas formas linguísticas que só podem ser interpretadas em um contexto: *eu, você, hoje, amanhã, em dois dias, aqui, ali, lá* etc. Assim, o *eu* da mensagem, a menos que se reconheça a voz de alguém familiar, não remete a nenhuma pessoa específica. Sem saber o momento em que o recado foi gravado, também não é possível identificar o referente da expressão *em dois dias*. Esse seria o **significado referencial**, que é dependente das circunstâncias da enunciação. Além disso, você ainda poderia questionar-se sobre o sentido de "estou chegando em dois dias" na mensagem. Será um aviso? Uma ameaça? Um antigo cliente? Alguém querido com uma surpresa? Neste último caso, teríamos um terceiro nível de significação, que seria o **significado do falante** ou **intencional**, que é o significado pragmático.

Segundo Reyes (2003, p. 10), o **significado intencional** é entendido como o significado completo de um enunciado, composto pelo que o falante quer comunicar explícita e implicitamente. Assim, a interpretação desse significado resulta de uma operação de decodificação dos signos linguísticos usados e de inferências do ouvinte em relação à intenção do falante. As **inferências** são processos mentais que possibilitam a "descoberta" do que está implícito no enunciado. Até aqui, vimos que há diferentes níveis de significado e que o significado intencional pode ser definido como o significado pragmático de um enunciado. Passemos agora à apresentação da pragmática propriamente dita.

4.1.1 Um pouco de história

A pragmática é um campo recente da linguística, com fronteiras nem sempre bem definidas e que, em virtude da natureza de seu objeto de análise – o significado da linguagem em uso –, interliga-se com diferentes áreas do conhecimento. Inicialmente, a pragmática foi concebida por Charles Morris como uma parte da tríade semiótica (sintaxe, semântica e pragmática) da teoria dos signos de Charles Sanders Peirce. Para Morris, a sintaxe estuda as relações entre os signos, a semântica preocupa-se com a relação entre os signos e seus referentes, e a pragmática trata da relação entre os signos e seus usuários, sendo os três campos partes constituintes da semiótica (Armengaud, 2006).

A pragmática originou-se de diferentes tradições de pensamento, contudo foram os trabalhos dos filósofos da linguagem que forneceram as contribuições mais frutíferas à área. Seguindo a linha de análise da linguagem comum de Ludwig Wittgenstein, que relacionou o significado com o uso, a filosofia da linguagem produziu as duas principais teorias que fundamentam os estudos pragmáticos atuais: a **teoria dos atos de fala**, proposta por John Austin (1962) e ampliada por John Searle em trabalho de 1969, e a **lógica da conversação**, de Paul Grice, publicada em 1975. Em razão das contribuições dessas duas teorias para os estudos pragmáticos atuais, assim como para outros campos da linguística, vamos dedicar atenção especial a elas neste capítulo.

Austin parte do princípio de que falar não serve apenas para descrever o mundo, mas também para fazer coisas, daí a expressão "dizer é fazer". Ao falar, realizamos atos; assim, quando dizemos "Eu prometo chegar cedo", estamos realizando um ato de promessa. Já Grice "mostra que a linguagem natural comunica mais do que aquilo que se significa num enunciado, pois quando se fala, comunicam-se também conteúdos implícitos" (Fiorin, 2005, p. 166). Por exemplo, quando uma mãe diz "Vai chover" para a filha que está saindo para a escola sem sombrinha, provavelmente não está fazendo um simples prognóstico do tempo. Também podem estar implícitos em sua fala outros significados, como a ideia de que a filha deveria levar a sombrinha.

Os estudos pragmáticos reconhecem que os valores contextuais e intencionais são fundamentais na comunicação. Dessa forma, uma sequência como "Está frio", dita pelo patrão a um mordomo, pode ser interpretada como uma ordem para fechar a janela; dita por uma mãe ao filho que pede para brincar no jardim, torna-se uma negação; dita por um meteorologista, passa a ser uma informação; usada em relação a um café, ganharia conotações negativas, porém o mesmo não ocorreria se se referisse a um sorvete. Esses exemplos são uma pequena amostra da necessidade do estudo do uso da linguagem, pois há palavras e construções que só podem ser interpretadas em contextos específicos de uso, ou seja, no ato comunicativo.

4.1.2 Enunciado e contexto

Enquanto a sintaxe tem como unidade de análise a sentença, e a semântica concentra-se na proposição, a pragmática ocupa-se do **enunciado**, o qual é entendido como unidade comunicativa que pode realizar-se em forma de oração completa ou fragmento de oração. Desse modo, devemos entender como enunciados as unidades linguísticas – faladas ou escritas – contextualizadas (Reyes, 2003, p. 13). Para exemplificar, uma construção como "A Mariana pegou uma virose" é vista pela sintaxe como uma construção sintaticamente bem formada segundo as regras gramaticais. A semântica, ao relacionar as formas linguísticas aos objetos no mundo que essas formas representam, reconhece a sentença como verdadeira se houver um referente no mundo para *a Mariana* e se este estiver com uma virose. A mesma construção passa a ser um enunciado quando inserida em um dado contexto, podendo ser interpretada de diferentes formas. Imaginemos a seguinte situação: o mesmo enunciado, dito pela mãe da Mariana em resposta a um convite para sair, pode significar "não posso sair".

Como podemos observar, a noção de enunciado está diretamente relacionada à noção de **contexto**. E o que a pragmática concebe como contexto? Conforme esclarece Reyes (2003, p. 19-20), a noção de contexto, dependendo da abordagem adotada, pode ser reduzida ou ampliada. Dessa forma, é possível distinguir três tipos de contexto: linguístico, situacional e sociocultural. Vejamos o que caracteriza cada um:

~ **Linguístico**: formado pelo material linguístico que antecede ou sucede o enunciado, é também entendido como o cotexto.

~ **Situacional**: refere-se ao conjunto de dados acessíveis aos participantes de uma conversação; seria o contorno físico imediato.

~ **Sociocultural**: configura-se a partir da relação entre os condicionamentos socioculturais e o comportamento verbal e sua adequação às diferentes circunstâncias (importante, por exemplo, para os estudos pragmáticos sobre desentendimentos interculturais).

De modo geral, a pragmática entende o contexto como sendo o conjunto de conhecimentos e crenças compartilhados pelos interlocutores de um intercâmbio verbal e que são pertinentes para produzir e interpretar seus enunciados.

4.1.3 Os atos de fala

A teoria dos atos de fala entende a linguagem como uma forma de ação. O filósofo John Austin foi o primeiro a propor uma caracterização, inicialmente estabelecendo a distinção entre **enunciados performativos** – aqueles que realizam ações porque são ditos, como em "Eu os declaro marido e mulher" – e **enunciados constativos*** – que fazem uma afirmação ou falam de algo, como em "Está chovendo" e "O céu é azul". Em um segundo momento, Austin (1990) propõe três tipos de atos:

~ **Ato locucionário**: é a emissão de um conjunto de sons, organizado de acordo com as regras da língua (é a estrutura morfossintático-fonológica).

~ **Ato ilocucionário**: atribui a esse conjunto (conteúdo proposicional) uma determinada força – de asserção, de pergunta, de conselho, de ordem etc. (José é responsável. José é responsável? Seja responsável, José. Ordeno que seja responsável, José). Ampliando a caracterização de Austin, Searle propõe para todo ato de fala a fórmula $f(p)$, em que p é o conteúdo proposicional (o quê) e f a força ilocucionária (o como) do enunciado. Por exemplo, quando paramos alguém na rua com a pergunta "Você tem horas?", p refere-se à pergunta sobre as horas e f é a força de pedido, de solicitação das horas, que esse ato adquire na interação.

~ **Ato perlocucionário**: destina-se a provocar certos efeitos no interlocutor (convencê-lo, assustá-lo etc.), os quais podem realizar-se ou não. Assim, um ato de ameaça, por exemplo, pode não surtir o efeito desejado.

Observemos que todo ato de fala é, ao mesmo tempo, locucionário, ilocucionário e perlocucionário, pois, ao interagirmos pela língua, empregamos enunciados linguísticos dotados de certa força, produzindo determinados efeitos no interlocutor, que podem não ser exatamente aqueles pretendidos pelo falante. Se digo a um colega "Você tem uma caneta?" e ele me responde que sim, mas não me passa a caneta, então meu ato de fala não surtiu o efeito esperado. Logo, para que um ato de

---

* Também chamados de *constatativos* por alguns autores.

fala alcance os objetivos visados pelo locutor, é necessário que o interlocutor seja capaz de captar sua intenção (Koch, 2004a, p. 21).

Vimos até aqui algumas noções básicas que compõem a teoria dos atos de fala. Entretanto, vale lembrar que essa teoria foi ampliada por Searle (1975, 1981 [1969]) posteriormente, com contribuições importantes para os estudos linguísticos e pragmáticos, ao desenvolver o conceito de **atos de fala indiretos**. A noção de indiretividade refere-se às construções linguísticas em que não há uma correspondência direta entre o significado proposicional e a força ilocucionária. Os pedidos e as ordens estão diretamente vinculados às sentenças imperativas ("Querido, compra um suco de caju"), porém, nas interações cotidianas, é frequente a **formulação indireta** desses atos de fala por meio de sentenças interrogativas, geralmente associadas com perguntas ("Querido, você poderia comprar um suco de caju?") ou ainda com sentenças declarativas ("Estou com muita vontade de tomar um suco de caju"). Como podemos observar, há uma gradação no nível de diretividade desses enunciados, de modo que este último é percebido como o mais indireto em relação aos anteriores.

Searle divide os **atos indiretos** em **convencionais** e **não convencionais**. Nos primeiros, temos os casos em que certas formas sintáticas estabelecem-se, pelo uso, como formas idiomáticas modelo, como em "Você poderia comprar um suco?" ou "Você não quer trazer um suco pra mim?". Por outro lado, as formas não convencionais são casos em que tais convenções sistemáticas não estão presentes, como ocorre em "Estou com muita vontade de tomar um suco de caju". Como é possível, então, que o interlocutor entenda um ato de fala indireto quando a sentença que ele ouve significa algo mais? Searle (1975) sugere que os ouvintes são governados por regras específicas, informação mutuamente compartilhada e princípios conversacionais gerais, na linha daqueles propostos por Grice (1982), dos quais trataremos na próxima seção, que lhes permitem interpretar os atos indiretos.

O desenvolvimento teórico relacionado aos atos de fala trouxe contribuições bastante significativas aos estudos linguísticos: (a) descobriu-se que falar não é só uma transmissão de conteúdos codificados entre falante e ouvinte por meio de um canal, mas também realização de atos; (b) a noção de atos de fala ou atos de linguagem constituiu aporte teórico para a revolução metodológica do ensino das línguas não maternas, contribuindo para a consolidação da perspectiva comunicativa no ensino de línguas, que vai além do ensino de estruturas gramaticais, ao possibilitar a relação entre as situações comunicativas e a realização de certos atos por meio de enunciados.

4.1.4 As máximas de Grice

Conforme vimos até aqui, para a pragmática, interpretar o que a outra pessoa diz envolve reconhecer uma intenção comunicativa, o que vai muito além de reconhecer os significados das palavras. Dessa forma, a comunicação parte de um acordo prévio dos falantes, de uma lógica da conversação que permite passar do significado das palavras ao significado dos falantes (Reyes, 2003, p. 35). Essa é a ideia que norteia os postulados conversacionais do filósofo norte-americano Paul Grice, o qual defende que o princípio básico que rege a comunicação humana é o **princípio da cooperação** (seja cooperativo). Segundo esse princípio, quando dois ou mais usuários da língua se propõem a interagir verbalmente, em geral vão cooperar para que a interação ocorra da melhor forma possível. O princípio da cooperação é explicitado por quatro máximas conversacionais:

~ **Máxima de quantidade**: diga somente o necessário, nem mais nem menos.

~ **Máxima de qualidade**: seja sincero.

~ **Máxima de relação (relevância)**: diga somente o que é relevante.
~ **Máxima de modo**: seja claro, conciso e ordenado.

É interessante observar que o locutor pode violar intencionalmente, ou não, uma ou mais máximas, cabendo, nesse caso, ao interlocutor fazer um cálculo (por meio de inferências) para descobrir o motivo da desobediência. Normalmente, quando se quebra uma máxima, há uma implicatura conversacional.

A noção de **implicatura** formulada por Grice é um dos grandes legados deixados para os estudos pragmáticos, sendo ainda bastante produtiva. Ele distingue dois tipos de implicatura: **implicaturas convencionais** ou **lexicais** – que têm como suporte a língua – e **implicaturas conversacionais** – que dependem do contexto e dos conhecimentos prévios dos falantes. Os exemplos a seguir podem ajudá-lo a compreender melhor cada tipo de implicatura:

(1) Ele é engenheiro, **mas** gosta de ler.

(2) A defesa da monografia de Paulo correu bem, não o reprovaram.

Em (1), há uma implicatura convencional, que é desencadeada pela conjunção *mas*: os engenheiros não gostam de ler. Em (2), existe a implicatura de que a monografia não é boa. Trata-se de uma implicatura conversacional, uma vez que não é retirada de nenhuma palavra específica da frase. A implicatura de (2) é possibilitada pelos conhecimentos prévios do interlocutor, pois, como sabemos, dificilmente uma monografia é reprovada. A informação extra de que Paulo não foi reprovado (violação da máxima de quantidade) indica o significado implícito de que a monografia é ruim. Com base nessas considerações, podemos conceituar a implicatura como **o significado adicional comunicado pelo falante e inferido pelo ouvinte** (Reyes, 2003, p. 39).

No diálogo a seguir, há mais um exemplo da presença constante desse fenômeno na comunicação humana:

(3) *Mãe*: Pedrinho, já é tarde! Você já fez a lição de casa e tomou banho?
Pedrinho: Já, mãe! Já fiz a lição sim!
Mãe: Então, vai já tomar seu banho, menino!

Antes de seguir com a leitura, tente analisar se as afirmações a seguir, sobre a relação entre a quebra de máxima(s) e implicatura(s) em (3), são verdadeiras (V) ou falsas (F):

a. ( ) Ao quebrar a **máxima de modo**, Pedrinho implica que é um filho desobediente.
b. ( ) Ao quebrar a **máxima de quantidade**, Pedrinho implica que ainda não tomou banho.
c. ( ) Ao quebrar a **máxima de relação**, Pedrinho implica que tomar banho não é importante.
d. ( ) Ao quebrar a **máxima de qualidade**, Pedrinho implica que já tomou banho.

O que você concluiu? Note que, a partir da quebra da **máxima de quantidade** (diga o que for necessário, nem mais nem menos), Pedrinho dá menos informação do que foi solicitado pela mãe, implicando, assim, que ele ainda não tomou banho. Portanto, se você assinalou apenas a alternativa *b* como verdadeira, você está correto(a)!

Com base na noção de implicatura, também podemos analisar fenômenos linguísticos como os mal-entendidos, os quais normalmente resultam da não coincidência entre o significado comunicado pelo falante e o significado inferido pelo ouvinte. Pensemos, por exemplo, nos desentendimentos frequentes na comunicação entre homem e mulher. Estudos sociopragmáticos sugerem que, em algumas situações, as mulheres apresentam um estilo de comunicação mais implícito (Tannen, 1990; Holmes, 1995), recorrendo muitas vezes a estratégias linguísticas indiretas para comunicar-se, o que aumenta o risco de não serem compreendidas de forma adequada. Um exemplo comum:

quando uma mulher diz para o seu companheiro "Está passando um filme interessante no cinema", pode estar implícito em sua fala um significado adicional: "Eu gostaria de ir ao cinema com você". Entretanto, se seu interlocutor inferir apenas o significado literal, não manifestando nenhuma intenção de ir ao cinema, ele poderá ter problemas!

4.1.5 Desdobramentos atuais dos estudos pragmáticos

As teorias clássicas, dos atos de fala e das implicaturas, foram fundamentais para o desenvolvimento da pragmática nas últimas cinco décadas. Por isso, nesta seção, buscaremos fazer uma síntese de duas das principais linhas teóricas que têm orientado os estudos pragmáticos contemporâneos.

Pragmática cognitiva

A vertente cognitivista dos estudos pragmáticos tem contado com um número expressivo de adeptos no Brasil, o que pode ser constatado no número de publicações e eventos científicos da área. Dan Sperber e Deirdre Wilson apresentaram sua **teoria da relevância** (**TR**) em 1986 e publicaram uma versão revisada em 1995. Esses teóricos se inspiram na teoria de Grice para formular a própria teoria, a qual se baseia no princípio de que a atenção e o pensamento humanos são orientados pela busca de informação relevante, que, conforme a teoria, é aquela que produz efeitos cognitivos adequados com esforço mínimo de processamento. A esse princípio os autores acrescentam outro, considerado o mais importante, que é o **princípio da relevância**, segundo o qual cada ato de comunicação ostensiva comunica a presunção de sua própria relevância ótima.

De acordo com tal princípio, o processo de comunicação implica que a informação que alguém vai dar é relevante e que, portanto, vale a pena o esforço de atenção que o ouvinte (interlocutor) terá de fazer para compreender o que é dito. Sperber e Wilson, ao considerarem a pragmática como a teoria da interpretação de enunciados, destacam o papel desempenhado pela inferência no processo de interpretação. Também supõem que o princípio da relevância não pode ser seguido nem transgredido, uma vez que se aplicaria a todos os atos de comunicação, diferentemente do que ocorre com as máximas do princípio de cooperação griceano.

Certamente, não é possível apresentar a teoria em toda a sua complexidade nestas poucas linhas, porém nosso intuito é chamar a atenção para o fato de que, atualmente, os aportes da TR têm sido aplicados a contextos de pesquisa relacionados aos estudos da tradução, à análise de gêneros textuais, como a piada e a charge, e também como uma possibilidade de compreensão dos processos de leitura em língua materna ou estrangeira, para citar alguns.

A pragmática intercultural e o estudo da polidez linguística
As teorizações em torno dos atos de fala, particularmente as elaborações de Searle, influenciaram amplamente os estudos interlinguísticos e interculturais na medida em que proporcionaram a caracterização da formulação de atos de fala (pedidos, agradecimentos, pedido de desculpa etc.) em diferentes contextos socioculturais e em diversas línguas. Tais estudos têm contribuído para o maior entendimento das características universais do uso da linguagem e também daquelas características que são específicas de cada cultura (Blum-Kulka; House; Kasper, 1989).

Os estudos sobre a polidez linguística ganharam notoriedade na área da pragmática, sobretudo a partir das teorizações de Brown e Levinson (1987 [1978]). Tomando como referência o princípio de cooperação de Grice (1975), esses teóricos adotam o postulado de que a natureza racional e eficiente da comunicação está pressuposta nas interações verbais. Entretanto, eles observaram que a maioria dos atos de fala produzidos nas conversações cotidianas não ocorre de forma tão eficiente como sugerem as máximas griceanas e supõem que a preocupação em dar certa atenção a dois desejos básicos do ser humano — o de ser apreciado pelos outros e o de não ter as ações próprias impedidas pelos demais — seria um forte motivo para não se falar de acordo com tais máximas. Nessa perspectiva, a polidez explicaria o desvio da eficiência racional nas interações, sendo comunicada justamente por meio desse desvio (Brown; Levinson, 1987 [1978], p. 4). Esse modelo de comunicação, orientado por critérios racionais, psicológicos e sociais, concebe a **polidez linguística** como um **fenômeno centrado na noção metafórica de face ou imagem**, elaborada inicialmente pelo psicólogo social Erving Goffman, em 1967. Nesse sentido, Kerbrat-Orecchioni (2006, p. 42) considera que a originalidade de Brown e Levinson está na articulação que fazem entre Searle e as formulações de Goffman, ao reciclarem a noção clássica de atos de fala, relacionando-os com os efeitos que podem ter sobre as imagens dos interlocutores e criando, com isso, as bases para uma nova teoria da polidez. Assim, se, por um lado, o modelo de Brown e Levinson pretende complementar o princípio da cooperação de Grice, tratando também dos aspectos sociais da comunicação, por outro, os autores ampliam o modelo da imagem social elaborado por Goffman, estabelecendo relações entre certas necessidades de imagem e a realização de atos de fala específicos, como pedidos de desculpa e agradecimentos.

A teoria da polidez parte do princípio de que **existem atos de fala que podem ameaçar a imagem, uma vez que esta é vulnerável**. Em virtude de tal vulnerabilidade, deve-se atenuar esses atos a fim de preservar as imagens, tanto do falante quanto do interlocutor, e manter o equilíbrio nas relações interpessoais. Essa imagem ou face, nos termos de Brown e Levinson (1987 [1978], p. 62), apresenta dois lados: a **imagem negativa** – vista como o desejo de qualquer pessoa de que suas ações não sejam impedidas e de não sofrer imposições, o que significa ter o território respeitado pelos outros – e a **imagem positiva** – que se refere ao desejo que todo ser humano tem de ser aprovado pelos demais interlocutores, de ter seus desejos compartilhados por pelo menos algumas pessoas. Desse modo, esses autores propõem que as estratégias linguísticas de polidez usadas pelos falantes dirigem-se à preservação dessas imagens dos interlocutores.

Para ilustrar o funcionamento da teoria, vejamos o caso dos **pedidos** e das **ordens**. Nessa perspectiva teórica, são considerados atos de fala diretivos que ameaçam as faces dos participantes de uma interação verbal, por envolverem certo grau de imposição sobre o outro. É claro que há pedidos mais ou menos impositivos, dependendo do tempo e do esforço que o interlocutor empregará para atendê-lo. Pedir uma caneta a um colega de classe ou pedir um empréstimo de cem reais a um vizinho que você mal conhece, provavelmente, exigirá a mobilização de procedimentos linguísticos diferentes, relacionados ao grau de diretividade, à escolha de pronomes de tratamento e aos tipos de atenuadores. Esses procedimentos, e muitos outros descritos pela teoria, são chamados por Brown e Levinson de **estratégias linguísticas de polidez**, às quais os usuários da língua podem recorrer a fim de atenuar o impacto de suas solicitações e, por conseguinte, aumentar as possibilidades de conseguir o que desejam.

Em virtude de algumas limitações demonstradas pelos estudos empíricos, esse modelo tem sido ampliado e reformulado (Kerbrat-Orecchioni, 2006; Spencer-Oatey, 2008). No entanto, ele continua sendo, até o momento, a principal referência para estudos da polidez linguística, principalmente aqueles de natureza contrastiva (Godoi, 2007; Dias, 2010; Azuma, 2014, entre outros). Também tem servido de base teórica para a análise de gêneros como anúncios publicitários, debates e documentos jurídicos, para citar alguns.

Esperamos ter alcançado, por meio desse nosso rápido passeio pelos caminhos da pragmática, o vislumbre de diferentes possibilidades de análise do uso da língua. A fim de cumprirmos os objetivos propostos no início deste livro, tivemos de passar direto por algumas trilhas e apenas olhar de relance outras. Porém, agora que construímos o caminho, é possível voltar quando quisermos e aprofundar os conhecimentos com base nas referências apresentadas.

4.2 Linguística textual

Antes de traçarmos a trajetória dos principais momentos da linguística textual (doravante LT), é preciso lembrar que os estudos sobre o texto, assim como os estudos pragmáticos e discursivos, inserem-se em um movimento teórico abrangente que busca ultrapassar os limites da frase – até então unidade máxima de análise da linguística estrutural –, trazendo à tona o falante e a situação de comunicação. Embora a LT tenha se constituído de diferentes propostas teóricas, não havendo um desenvolvimento homogêneo, é consenso entre os estudiosos da área que é possível identificar três momentos distintos, os quais envolveram preocupações teóricas diferentes. Koch (2004b), em estudo recente, apresenta a seguinte divisão: (a) análises interfrásticas e gramáticas do texto; (b) a virada pragmática; e (c) a virada cognitivista. Dizer que o objeto de estudo da LT é o texto chega a ser algo redundante, contudo, como veremos, em cada momento existe uma concepção de texto distinta. Tendo isso em mente, passamos a apresentar as principais ideias que fundamentam os diferentes períodos, assim como a concepção de texto vigente em cada um deles.

4.2.1 Da frase ao texto

Surgida na década de 1960, na Europa, a LT inicialmente está preocupada com as relações que se formam entre as frases e os períodos, de modo a construir uma unidade de sentido. Percebe-se, então, a existência de fenômenos que escapam às teorias sintáticas e/ou semânticas, as quais estão circunscritas aos limites da sentença. Exemplos de tais fenômenos são as relações referenciais e de correferenciação (como as anáforas), que ultrapassam as fronteiras da sentença, sendo mais bem entendidas no interior do texto (Bentes, 2003, p. 247). Esse é o momento chamado de *análise interfrástica* (também denominado *transfrástico*), o qual está centrado na questão da **coesão**[1]. Nessa época, ainda não se faz uma distinção clara entre os fenômenos de coesão e de coerência[2]. Na análise interfrástica, define-se o texto como "uma sucessão de unidades linguísticas constituídas mediante uma **concatenação pronominal ininterrupta**" (Koch, 2004b, p. 4, grifo do original).

Nos anos 1970, com o auge dos estudos gerativos, propõe-se a descrição da competência textual do falante – a construção de gramáticas textuais –, pois se entende que existe uma competência textual semelhante à competência linguística proposta por Chomsky. Assim, considerava-se que, se o falante é competente linguisticamente para produzir frases, o mesmo ocorreria com a produção de textos. Observemos que, por trás dessa analogia, insere-se nos estudos do texto a noção de falante/autor ideal. Nessa perspectiva, a LT é vista como um prolongamento da linguística da frase e, ao tomar o texto como a maior unidade linguística de análise, passa-se da unidade frasal para a unidade textual.

4.2.2 O texto como ato de comunicação

A partir dos anos 1970, a LT começa a perceber que o texto, além de ser uma superfície textual que pode ser examinada em relação aos fatores de **coesão** e **coerência**, é um ato de comunicação e, assim, passa a ser também objeto de natureza pragmática (Indursky, 2006, p. 48). Desse modo, se, no início, para constituir-se como a linguística do texto, foi preciso ir além da frase, agora se impõe a necessidade de ir além do texto. Conforme observa Koch (2004b), Teun Van Dijk contribuiu grandemente para o que ficou conhecido na LT como *a virada pragmática*, dedicando-se a estudar as relações existentes entre os enunciados, ou seja, as relações pragmáticas ou discursivo-argumentativas. Segundo os trabalhos que desenvolveu a partir dos anos 1980, esse autor postula que, paralelamente à macroestrutura semântica do texto – a qual é responsável pela coerência semântica –, há uma macroestrutura pragmática – que é responsável pela coerência pragmática. Dessa forma, influenciado pelos estudos pragmáticos, Van Dijk propõe a noção de **macroato de fala**, ao qual estariam subordinados todos os atos de fala presentes nas subpartes do texto. Nessa perspectiva, a compreensão de um texto segue regras de interpretação baseadas em critérios pragmáticos. A coerência passa a depender também de fatores extralinguísticos, como crenças, desejos, preferências, normas e valores dos interlocutores. É nessa fase, portanto, que a LT lança um novo olhar sobre a noção de coerência, que até então estava atrelada apenas a fatores gramaticais, incorporando fatores pragmáticos e contextuais. Com a inclusão da perspectiva pragmática, a LT passa a ver no texto "a unidade básica de comunicação/interação humana" (Koch, 2004b, p. 13).

Seguindo essa tendência de incorporação de noções pragmáticas aos estudos textuais, Robert-Alain Beaugrande e Wolfgang Dressler (1981) apresentam sete critérios de textualidade: coesão, coerência, situacionalidade, informatividade, intertextualidade, intencionalidade e aceitabilidade (Koch, 2004b, p. 13). Dentre esses, os dois primeiros ocorrem a partir das relações sintático-semânticas estabelecidas no interior do texto; logo, estão centrados no texto. Os outros cinco critérios são de natureza pragmática.

A proposta de Beaugrande e Dressler teve amplo impacto nos estudos textuais e, por conseguinte, nos materiais didáticos voltados ao trabalho com textos. Entretanto, atualmente, suas postulações têm sido alvo de algumas críticas, pois surgem questionamentos quanto a sua divisão, uma vez que, numa perspectiva pragmático-cognitiva, não faz sentido uma divisão entre fatores "centrados no texto" e fatores "centrados no usuário", já que todos estariam centrados simultaneamente no texto e em seus usuários (Koch, 2004b, p. 43). Também tem sido defendido que a coerência não estaria centrada apenas no texto, sendo o resultado da confluência de todos os demais fatores, aliados a mecanismos e processos de ordem cognitiva. Nesse ponto, começamos a entrar na terceira fase da LT – a qual se encontra em pleno desenvolvimento –, que é a tendência cognitivista.

4.2.3 Texto e cognição

Com a repercussão dos estudos cognitivos, na década de 1980, surge uma nova tendência nos estudos do texto, ao tomar-se consciência de que todo fazer é necessariamente acompanhado de processos cognitivos, de que "quem age precisa dispor de modelos mentais de operações e tipos de operações" (Koch, 2004b, p. 21). Nessa perspectiva, passa-se a ver o texto como o resultado de processos mentais. Entre os estudos representativos dessa nova fase da LT estão os de Beaugrande e Dressler (1981), que já vislumbravam o texto como resultado de operações cognitivas, as quais implicariam procedimentos de decisão, seleção e combinação. Também se encontram os estudos de Wolfgang Heinemann e Dieter Viehweger (1991, citados por Koch, 2004b, p. 22), os quais postulam que o processamento textual depende de quatro sistemas de conhecimento: o linguístico, o enciclopédico, o interacional e o de modelos textuais globais. Van Dijk e Walter Kintsch (1983, citados por Koch, 2004b, p. 26) propõem ainda que o processamento cognitivo de um texto ocorre a partir de diferentes estratégias processuais. Um exemplo de estratégias cognitivas são as inferências, as quais possibilitam que o ouvinte/leitor, com base nas informações fornecidas pelo texto e considerando o contexto, construa novas representações mentais, ou seja, estabeleça relações entre o conteúdo explícito e a informação que não está explícita no texto. Desse modo, ao deixar partes do texto implícitas, o locutor já estaria prevendo as inferências na própria produção do texto e, assim, contando com o fato de que as lacunas serão completadas pelo interlocutor, fazendo uso do conhecimento prévio deste. Como tanto os conhecimentos prévios quanto os contextos são variáveis, o mesmo texto pode ser interpretado de forma distinta por diferentes interlocutores.

Mais recentemente, podemos observar um prolongamento dessa vertente cognitivista da LT numa direção **sociocognitiva-interacionista**. Como expõe Koch (2004b), pesquisas recentes em diferentes áreas apontam que muitos dos nossos processos cognitivos estão baseados na percepção e na capacidade de atuação física no mundo. Por isso, uma visão que incorpore aspectos sociais, culturais e interacionais à compreensão do processamento cognitivo apoia-se no fato de que existem muitos processos cognitivos que acontecem na sociedade e não somente nos indivíduos. De forma complementar, na concepção interacional da língua, os sujeitos são vistos como atores/construtores sociais. Diante disso, o texto passa a ser considerado o próprio **lugar da interação**, e os interlocutores são **sujeitos ativos** que – dialogicamente – nele se constroem e por ele são construídos (Koch, 2004b, p. 30-33). Nesta última colocação de Koch, ao usar noções como *sujeitos*, *atores* e *dialogicamente*, podemos perceber um diálogo com os estudos discursivos. Aliás, de acordo com Coutinho (2004), citado por Marcuschi (2008, p. 81, grifo do original), "uma das tendências atuais é a de não distinguir de forma rígida entre *texto* e *discurso*, pois se trata de frisar mais as relações entre ambos e considerá-los como aspectos complementares da atividade enunciativa".

Com base nessa retrospectiva da LT, é possível constatar as várias formas de conceituar o objeto *texto* nas diferentes abordagens. Podemos, então, perguntar-nos sobre o que, no quadro atual, faz com que um texto seja um texto. E aqui recorremos outra vez à propriedade com que Koch, ao longo de seus inúmeros trabalhos sobre o tema, define esse objeto:

> Um texto se constitui enquanto tal no momento em que os parceiros de uma atividade comunicativa global, diante de uma manifestação linguística, pela atuação conjunta de uma complexa rede de fatores de ordem situacional, cognitiva, sociocultural e interacional, são capazes de construir, para ela, determinado sentido. (Koch, 2002, p. 30)

De modo geral, podemos dizer que a LT reflete em sua trajetória as diferentes tendências que influenciaram os estudos linguísticos, partindo de uma fase mais estrutural, passando pelos estudos pragmáticos, até chegar aos mais recentes estudos cognitivos e sociointeracionistas.

4.2.4 A linguística do texto e os gêneros textuais

Cada vez mais a linguística do texto tem assumido um papel de destaque no ensino de língua e na elaboração de materiais didáticos com foco nas práticas de compreensão e produção de textos. Com relação às principais (pre)ocupações que têm orientado a LT nos dias atuais, descritas por Marcuschi (2008, p. 75), destacamos as seguintes: (a) constitui uma perspectiva de trabalho que tem como base dados autênticos da língua em uso; (b) seu foco está nos processos sociocognitivos e não no produto; (c) interessa-se pelos domínios mais dinâmicos, como a concatenação de enunciados, a produção de sentido, os aspectos pragmáticos, os processos de compreensão textual, as operações cognitivas, a diferenciação de gêneros textuais, a linguagem em contexto, o aspecto social e o funcionamento discursivo da língua; (d) coloca as relações dinâmicas entre a teoria e a prática, entre o processamento e o uso do texto, como foco de sua atenção.

A consideração do **gênero textual** como unidade orientadora do ensino de português como língua materna tem se fortalecido no contexto educacional brasileiro, fundamentando as diretrizes do ensino da disciplina de Língua Portuguesa, o que requer novas posturas do professor de Português em relação ao objeto de ensino e aos procedimentos metodológicos. Consideramos a seguinte passagem de Marcuschi (2008, p. 154, grifo do original) muito representativa da dimensão adquirida pela noção de gênero textual na atualidade:

> Uma das teses centrais a ser defendida e adotada aqui é a de que é impossível não se comunicar verbalmente por algum gênero, assim como é impossível não se comunicar verbalmente por algum texto. Isso porque toda a manifestação verbal se dá sempre por meio de textos realizados em algum gênero. Em outros termos, a comunicação verbal só é possível por algum gênero. Daí a centralidade da noção de **gênero textual** no trato sociointerativo da produção linguística.

Tradicionalmente, a expressão *gênero* esteve associada aos gêneros literários, porém, atualmente, o termo passou a ser empregado para referir qualquer texto materializado em situações comunicativas recorrentes. Embora não haja pleno consenso entre as diferentes vertentes teóricas quanto ao conceito de gênero textual, de acordo com nossos propósitos, consideraremos o conceito apresentado por Marcuschi (2008, p. 155), para quem os gêneros textuais são textos que encontramos em nosso cotidiano e que "apresentam padrões sociocomunicativos característicos definidos por composições funcionais, objetivos enunciativos e estilos concretamente realizados, na integração de forças históricas, sociais, institucionais e técnicas". São textos escritos ou orais bastante estáveis, situados histórica e socialmente e que, apesar de serem numerosos, não são infinitos. Alguns exemplos são: bilhete, carta, receita de bolo, telefonema, aviso, cartão postal, charge e conferência.

4.3 Análise do discurso

Nas seções anteriores, procuramos dar uma visão geral de cada área da macrolinguística, porém seguindo algum critério que nos permitisse acompanhar, ainda que parcialmente, sua trajetória. Ao abordarmos a pragmática, optamos por apresentar as duas teorias consideradas essenciais para o seu reconhecimento como área pertencente aos estudos linguísticos e sobre as quais estão fundamentados teorias e estudos mais recentes. Quando examinamos a linguística textual, apresentamos três momentos teóricos distintos e a concepção de texto que prevalece em cada um deles. Finalmente chegamos à análise do discurso (doravante AD) e eis que surge a dificuldade de encontrarmos um "fio condutor" que nos ajude a tornar essa trajetória esclarecedora e não apenas um emaranhado de informações. Tal dificuldade deve-se principalmente à heterogeneidade presente na constituição desse campo relativamente novo e aos seus diferentes desdobramentos. A AD, assim como a pragmática e a sociolinguística, surge procurando romper com o paradigma estruturalista. Entretanto, está marcada pela particularidade de constituir-se não apenas a partir de algumas parcerias, mas também de várias rupturas (Possenti, 2005). Diante da singularidade desse campo, antecipamos que estabelecer alguns recortes será inevitável aqui. Assim, apresentaremos um breve histórico da AD e algumas noções indispensáveis para os estudos discursivos.

4.3.1 Breve histórico da AD

Inicialmente merece destaque, de um lado, o trabalho de Zellig Harris (anos 1950) intitulado *Discourse Analysis*, que se propõe a ultrapassar os limites da frase, aplicando seu método distribucional aos enunciados, e, de outro lado, os trabalhos de Jakobson e Benveniste sobre a enunciação. Conforme aponta Brandão (2004, p. 13-15), esses estudos são indicadores de posturas teóricas diferentes, direcionando-se uns para a AD de linha americana e outros para a AD de vertente europeia. Na corrente representada por Harris, é possível entrever ainda uma extensão do estruturalismo – observemos que a visão de Harris aproxima-se da linguística textual em sua primeira fase —, uma vez que sua proposta ainda está restrita à língua, não havendo preocupação com a significação e as condições sócio-históricas de produção. Já Benveniste ressalta o papel do locutor no processo de enunciação, procurando mostrar que a inscrição da posição desse locutor/sujeito nos enunciados se dá por meio de índices linguísticos específicos, como as formas verbais e os pronomes. Ao mencionar a **posição do locutor**, o teórico acaba por levantar a questão da relação que se estabelece entre o locutor, seu enunciado e o mundo, relação esta que será central para as reflexões da AD de linha francesa. Diante da necessidade de recorte apontada anteriormente, a seguir nos deteremos em alguns aspectos da perspectiva da AD francesa, uma vez que tal vertente é bastante seguida no Brasil.

Ressaltemos, então, os principais fatores que possibilitaram a constituição da AD como a encontramos hoje. Orlandi (2006, p. 48) aponta que

> *a análise de discurso tal como a conhecemos no Brasil – na perspectiva que trabalha o sujeito, a história, a língua – se constitui no interior das consequências teóricas estabelecidas por três rupturas que estabelecem três novos campos de saber: a que constitui a linguística, a que constitui a psicanálise e a que constitui o marxismo. Com a linguística*

ficamos sabendo que a língua não é transparente; ela tem sua ordem marcada por sua materialidade que lhe é própria. Com o marxismo ficamos sabendo que a história tem sua materialidade: o homem faz a história, mas ela não lhe é transparente. Finalmente, com a psicanálise é o sujeito que se coloca como tendo sua opacidade: ele não é transparente nem para si mesmo.

Dessa forma, os estudos discursivos opõem-se à concepção de língua como um sistema autônomo, proposta por Saussure, buscando (re)introduzir a noção de sujeito e a de situação de produção. O marxismo contribuiu aí com o conceito de materialismo histórico, possibilitando à AD relacionar a língua com a história na produção de sentidos, visando compreendê-la não apenas como estrutura, mas principalmente como **acontecimento**. Abre-se, assim, espaço à contribuição da psicanálise com a noção de sujeito que se constitui na relação com o **simbólico**, na história. Com base nessas três formas de conhecimento, forma-se o espaço teórico propício para o surgimento da AD e para a delimitação de seu objeto: o **discurso**. É consenso entre os estudiosos da área que a AD, fundamentada no questionamento sobre o que é ler, formula uma teoria da **leitura**, rompendo, assim, com a análise do conteúdo, segundo a qual o sentido de um texto está nas informações contidas no próprio texto.

4.3.2 Alguns conceitos usados na AD

Dada a propagação dos estudos discursivos, o termo *discurso* ganha familiaridade, sendo frequentemente empregado nos livros didáticos e no contexto da sala de aula. Sabemos que o objeto de estudo da AD é o discurso, mas, afinal, o que a AD entende por **discurso**? Adiantamos que essa pergunta não é do tipo que podemos responder em uma frase, exigindo, assim, algumas considerações.

Segundo Brandão (2004, p. 10-11), o reconhecimento de que a linguagem constitui-se por um "caráter ao mesmo tempo formal e atravessado por entradas subjetivas e sociais, provoca um deslocamento nos estudos linguísticos até então balizados pela problemática colocada pela oposição língua/fala que impôs uma linguística da língua". Com isso, os estudos buscam compreender o fenômeno da linguagem em uma dimensão que está além da dicotomia saussuriana: essa dimensão é a do discurso. No âmbito do discurso, é possível relacionar o nível linguístico às condições sócio-históricas. Assim, o discurso torna-se o ponto de articulação dos processos ideológicos e dos fenômenos linguísticos. Na perspectiva discursiva, a linguagem passa a ser **interação**, um modo de produção social; por não ser neutra, inocente, nem natural, torna-se o lugar privilegiado de manifestação da ideologia.

Orlandi (2003, p. 21) afirma que "as relações de linguagem são relações de sujeitos e de sentidos e seus efeitos são múltiplos e variados", conceituando o discurso como o "efeito de sentidos entre locutores". A autora toma essa noção de discurso de Michel Pêcheux (1969), a qual é formulada como uma crítica ao esquema elementar da comunicação formado pelo circuito emissor-código-receptor. Assim, "dizer que o discurso é efeito de sentidos entre locutores significa deslocar a análise de discurso do terreno da linguagem como instrumento de comunicação" (Orlandi, 2006, p. 14). A relação entre enunciador e destinatário não é linear, uma vez que eles estão sempre perpassados pelo simbólico.

Juntamente com a noção de discurso, há outros dois conceitos que se cruzam e que são básicos na AD, merecendo nossa atenção: **formação discursiva (FD)** e **formação ideológica (FI)**.

Entende-se como FI determinada posição em uma conjuntura sócio-histórica. A FD, como aponta Brandão (2004, p. 106-107), é o conjunto de enunciados marcados pelas mesmas regularidades e define-se pela relação com a FI. Assim, textos que fazem parte de uma

FD remetem a uma mesma FI. Um mesmo texto (ou palavra, proposição etc.) pode aparecer em FDs diferentes, existindo, com isso, a possibilidade de apresentar variações de sentido. Orlandi exemplifica com a palavra *terra*, que vai ter um significado diferente para um índio, para um sem-terra ou para um fazendeiro. Esses usos ocorrem em condições de produção diferentes e podem remeter a diferentes FDs. A FD também se vincula à noção de **interdiscurso**, que "é constituído de todo dizer já-dito. Ele é o saber, a memória discursiva. Aquilo que preside todo dizer" (Orlandi, 2006, p. 18). Dessa forma, a FD é determinada pelo interdiscurso, pois o sentido de uma palavra, ou de um enunciado, depende do efeito do já-dito, ou seja, do interdiscurso.

4.3.3 A questão do sujeito na AD

Outra noção fundamental na AD é a de **sujeito**. A subjetividade é um dos pontos que marcam a especificidade da AD, distanciando-a dos estudos pragmáticos e da teoria da enunciação. Essa teoria, formulada inicialmente pelo pensador russo Mikhail Bakhtin, ganhou força na França com os estudos do linguista Benveniste, que busca estudar a subjetividade inscrita na língua. De acordo com Brandão (2004, p. 55-58), ao definir a enunciação como um processo de apropriação da língua para dizer algo, Benveniste levanta dois aspectos: (a) a língua é uma possibilidade que ganha concretude somente no ato da enunciação, isto é, enquanto emprego e expressão de certa relação com o mundo; (b) não só traz a questão da significação para a instanciação discursiva, mas também faz passar a noção de sentido pela de sujeito. O sujeito de Benveniste é um *eu* que se caracteriza pela homogeneidade e se constitui na interação com um *tu*, opondo-se ambos à não pessoa, *ele*.

Em oposição à concepção de sujeito apresentada por Benveniste, outras abordagens vão conceber um sujeito marcado espacial e temporalmente e, por isso, essencialmente histórico. Tal concepção de **sujeito histórico** vincula-se à noção de **sujeito ideológico**, uma vez que sua fala é um recorte das representações de um tempo histórico e de um espaço social (Brandão, 2004, p. 59-70). Seguindo essa abordagem, entende-se que o sujeito vai situar seu discurso em relação ao discurso do **outro** – não sendo mais o sujeito único, central, origem e fonte do sentido, proposto inicialmente por Benveniste –, abrindo espaço para que outras vozes falem na sua voz. Nessa perspectiva, embora com algumas diferenças importantes e tendo como suporte o dialogismo formulado por Bakhtin, surgem estudos como o de Jacqueline Authier-Revuz (1982) sobre a heterogeneidade discursiva e a teoria polifônica, de Oswald Ducrot (1984). Este último se propõe a mostrar, segundo a ótica da semântica da enunciação, como mesmo num enunciado isolado é possível detectar mais de uma voz, contestando, assim, a tese da unicidade do sujeito.

A AD, traçando um caminho próprio, distancia-se da noção idealista de sujeito. O sujeito da linguagem não é o sujeito em si, mas tal como existe socialmente, interpelado pela ideologia (Brandão, 2004, p. 110). É nesse sentido que Pêcheux trata da ilusão discursiva do sujeito, ou seja, o sujeito pensa que é a fonte, a origem do sentido do que diz, o que, na verdade, seria uma ilusão. Ao compararmos o sujeito pragmático com o sujeito discursivo, encontraremos talvez o traço distintivo mais importante entre essas duas áreas. Como vimos no início do capítulo, na pragmática, temos um falante intencional (consciente), ou seja, "dotado de um saber, de uma capacidade de escolhas e de dar-se conta de como o contexto deve ser relevantemente considerado e até alterado" (Possenti, 2005, p. 363-364); já na AD, tanto o sujeito quanto o discurso são "atravessados" pelo inconsciente e pela ideologia.

Vimos alguns conceitos que fundamentam a AD; contudo, não precisamos mencionar que esse campo está longe de ser apreendido em um espaço tão pequeno, e nem é esse nosso objetivo. Por isso, deixamos a você a tarefa de aprofundamento dos conhecimentos sobre essa área tão diversa e que oferece uma nova forma de olhar a língua e as relações que a partir dela se estabelecem. Disso resulta que os estudos discursivos vêm despertando o interesse dos mais diferentes campos de estudo, tais como a sociologia, a neurolinguística e a linguística aplicada.

Assim, como observa Jordão (2005, p. 7),

> conceber a língua como discurso é perceber a língua como ideológica, perpassada por relações de poder que ela mesma constrói; é perceber as marcas de determinações culturais nos textos que produzimos; é perceber os gêneros discursivos como mecanismos de estabelecimento de sentidos possíveis. [Pensando no ensino de línguas, essa concepção de língua como discurso] [...] significa perceber as estruturas de poder que permeiam a língua; significa conceber o conhecimento como determinado social e linguisticamente; significa entender língua e cultura como indissociáveis.

Síntese

Neste capítulo, procuramos expor um panorama dos principais estudos e conceitos que fundamentam as áreas da pragmática, da linguística textual e da análise do discurso, sempre que possível traçando paralelos entre elas, explicitando pontos comuns e também distanciamentos. Ao percorrermos esses três campos, buscamos evidenciar a especificidade de cada um, porém sem perder de vista que o surgimento desses (sub)campos da linguística faz parte de um movimento teórico amplo, o qual reivindica a inserção, nos estudos da língua, daquele que a produz – falante, locutor, autor ou sujeito – e do contexto de produção – linguístico, situacional ou sócio-histórico.

Indicações culturais

Pragmática

O TERMINAL. Direção: Steven Spielberg. EUA: 2004. 128 min.

O filme americano O *terminal* mostra situações muito engraçadas sobre problemas de comunicação. De 2004, o filme dirigido por Steven Spielberg apresenta Tom Hanks, um cidadão de um país da Europa Oriental, preso no aeroporto de Nova Iorque por problemas diplomáticos entre os dois países. Tem ainda no elenco Catherine Zeta-Jones.

MUITO além do jardim. Direção: Hal Ashby. EUA: Time Warner Entertainment Company, 1979. 129 min.

Outro filme interessante que envolve aspectos pragmáticos é *Muito além do jardim* (1979), com a direção de Hal Ashby. Traz inúmeras situações nas quais o que é dito pelo protagonista, Peter Sellers, é interpretado de forma totalmente equivocada pelos interlocutores, dando um tom humorístico aos diálogos.

Análise do discurso

CRUZADA. Direção: Ridley Scott. EUA: 20th Century Fox, 2005. 144 min.

São muitas as produções cinematográficas que podem ser vistas em uma perspectiva discursiva e ideológica, como os filmes de tribunal ou aqueles ambientados historicamente. Um exemplo deste último tipo é o filme *Cruzada* (2005), dirigido por Ridley Scott e protagonizado por Orlando Bloom, no qual podemos observar o discurso usado pela Igreja na Idade Média para influenciar o povo e, assim, ocupar novos territórios.

Atividades de autoavaliação

1. Com base nos temas estudados neste capítulo, assinale com V (verdadeiro) ou F (falso) as afirmações a seguir:
   ( ) Pensando na dicotomia língua/fala, a denominada *macrolinguística* reúne aquelas áreas que se interessam pelo estudo da língua.
   ( ) Podemos dizer que os estudos pragmáticos preocupam-se em descrever as regras e os princípios que atuam quando nos comunicamos.
   ( ) Entendemos como *significado literal* o significado linguístico dado pelo contexto de comunicação.
   ( ) Podemos afirmar que o significado pragmático independe do contexto de uso da língua.
2. Considerando os estudos pragmáticos e discursivos, assinale com V (verdadeiro) ou F (falso) as afirmações a seguir:
   ( ) Tanto o sujeito pragmático quanto o sujeito dos estudos discursivos são intencionais.
   ( ) A análise do discurso, influenciada pelo marxismo, concebe a produção de sentidos na relação entre a língua e a história.
   ( ) A análise do discurso de vertente francesa concebe a produção de sentidos na relação entre sentido e referência.
   ( ) A teoria da polidez linguística, de Brown e Levinson, relaciona a noção de atos de fala com os efeitos que esses atos podem ter sobre as imagens dos interlocutores.

3. Considerando a linguística do texto e os estudos discursivos, assinale com V (verdadeiro) ou F (falso) as afirmações a seguir:

( ) Com o auge dos estudos gerativos, a linguística do texto propõe a noção de competência textual do falante, inserindo nos estudos do texto a ideia de falante/autor ideal.

( ) A linguagem, na perspectiva da análise do discurso, constitui-se por um caráter formal, mas ao mesmo tempo é atravessada por entradas subjetivas e sociais. Dessa forma, na dimensão do discurso, é possível relacionar o nível linguístico às condições sócio-históricas.

( ) Fenômenos referenciais, como as anáforas, ao ultrapassarem os limites da sentença, contribuíram para o surgimento dos estudos pragmáticos do texto, ressaltando, assim, os aspectos semânticos da construção dos sentidos.

( ) O termo *gêneros textuais* tem sido utilizado em referência aos diferentes textos, orais ou escritos, que circulam na sociedade, os quais se caracterizam por aspectos como composição, objetivos enunciativos e estilos.

4. Levando em consideração as teorias estudadas neste capítulo, assinale a alternativa **incorreta**:

   a) As reflexões dos filósofos da linguagem foram centrais para o desenvolvimento das principais teorias que fundamentam os estudos pragmáticos atuais.

   b) Na perspectiva da teoria dos atos de fala, os atos locucionário, ilocucionário e perlocucionário ocorrem simultaneamente quando interagimos pela língua.

   c) Na análise do discurso, a relação entre língua e ideologia é mediada pelo discurso.

   d) As máximas de Grice são "fórmulas" propostas pelos estudos pragmáticos para que a comunicação seja sempre eficaz.

5. Marque a opção correta, considerando a teoria das implicaturas de Grice:

a) A quebra de uma ou mais máximas griceanas sempre resulta em problemas na comunicação.

b) As implicaturas podem ser desencadeadas a partir tanto de certos elementos lexicais quanto do contexto e do conhecimento prévio dos falantes.

c) O enunciado "Ele é adolescente, porém gosta de ler" pode ser considerado um exemplo de implicatura conversacional.

d) Geralmente, a implicatura é o resultado da coincidência entre o significado comunicado pelo falante e o significado interpretado pelo ouvinte.

Atividades de aprendizagem

Questões para reflexão

1. Com base nos princípios da comunicação, indique se o diálogo abaixo é cooperativo ou não. Justifique a resposta em virtude das máximas acatadas ou infringidas. Em que consiste o seu efeito humorístico?

    A: *Benzinho, acho que tenho que te dizer algo antes de ir para a partida de futebol.*
    B: *O que é?*
    A: *Um esporte em que corremos atrás de uma bola.*

2. Considerando a atual constituição da linguística do texto, redija um parágrafo analisando como o desenvolvimento dessa área da linguística tem contribuído com as práticas de compreensão e produção de texto em contextos de ensino de línguas.

Atividade aplicada: prática

1. Novamente você vai fazer uma análise de livros didáticos. Podem ser usados os mesmos livros analisados para realizar a atividade proposta no capítulo anterior ou outros, se você preferir. Porém, agora seu objetivo de análise não será a língua, como no caso anterior, mas a fala. Analise o modo como a comunicação é considerada, assim como o tratamento dos textos e o discurso utilizado. Depois, escreva um texto para registrar sua análise.

Capítulo 5

O objetivo deste capítulo é fazer uma breve apresentação das áreas da linguística que, em virtude da natureza de seu objeto de análise, surgiram da convergência entre as teorias linguísticas e os conhecimentos teóricos de outros campos: sociolinguística, neurolinguística e psicolinguística. O caráter interdisciplinar dessas áreas tem a vantagem de ampliar a capacidade explicativa do objeto de estudo de cada uma, possibilitando que determinado fenômeno seja analisado ou explicado a partir da conjunção de diferentes perspectivas. Neste capítulo, apresentaremos as condições de surgimento, o objeto de estudo e algumas formas de atuação de cada área. A inclusão da sociolinguística – apesar de quebrar um pouco a unidade do capítulo – deve-se ao fato de que seus estudos, ao considerarem a relação entre linguagem e sociedade, abordando principalmente a questão da variação linguística, apontam para uma nova forma de encarar as diferenças linguísticas. Já a neurolinguística e a psicolinguística são áreas próximas que estão diretamente relacionadas com a aquisição de linguagem, que será o tema do nosso

Sociolinguística, neurolinguística e psicolinguística

5.1 Sociolinguística

Primeiramente, faremos algumas considerações sobre o contexto de surgimento da sociolinguística (doravante SL) e, em seguida, passaremos a explorar alguns aspectos específicos desse campo. Como vimos no primeiro capítulo, a SL inscreve-se numa tendência sociologizante e interdisciplinar que envolve os estudos linguísticos a partir dos anos 1960. Assim, a SL nasce da preocupação comum de áreas como a antropologia, a sociologia e a psicologia com a questão da relação entre linguagem e sociedade. Como aponta Alkmim (2003, p. 28-31), o termo *sociolinguística* surgiu em 1964, em um congresso organizado por William Bright em Los Angeles, porém a preocupação com o estudo da relação entre aqueles dois elementos teve sua origem no início do século XX, com a antropologia linguística, tendo como principais representantes Franz Boas e seus discípulos Edward Sapir e Benjamin Whorf.

O americano William Labov propõe um modelo teórico-metodológico para a variação linguística, o qual é visto como uma reação à ausência do componente social no modelo gerativo de Chomsky. Labov volta a insistir "na relação entre língua e sociedade e na possibilidade, virtual e real, de se sistematizar a variação existente e própria da língua falada" (Tarallo, 1997, p. 7). Em 1963, esse pesquisador publicou seu conhecido trabalho sobre a comunidade da ilha de Martha's Vineyard, no qual destaca a importância dos fatores sociais para entender a variação linguística, relacionando aspectos como **idade**, **sexo**, **ocupação**, **origem étnica** e **atitude** ao comportamento linguístico daquela comunidade. Em 1964, Labov apresenta uma pesquisa sobre o inglês de Nova Iorque, com a qual fixa as bases de seu modelo conhecido como *sociolinguística variacionista* ou *teoria da variação*, que fornece as bases teóricas para os estudos linguísticos como são conhecidos atualmente.

5.1.1 A variação linguística

O falante-ouvinte ideal chomskyano pertence a uma comunidade linguisticamente homogênea e, para os propósitos de Chomsky, essa é uma abstração absolutamente válida. Entretanto, como sabemos, na "fala nossa de cada dia" a situação é bem diferente, pois a língua falada é heterogênea e diversificada. Ao tomar como ponto de partida as comunidades linguísticas, a SL assume como objeto de análise a língua falada, observada, descrita e analisada em situações reais de uso (Alkmim, 2003, p. 31).

Cada comunidade linguística utiliza formas diferentes de falar, configurando-se, assim, as **variedades linguísticas**. Em qualquer comunidade de fala, é possível observar a coexistência de um conjunto de variedades linguísticas em uso – denominado de *repertório*. Porém, como afirma Alkmim (2003, p. 39), essa coexistência se dá "no contexto das relações sociais estabelecidas pela estrutura sociopolítica de cada comunidade". Dessa forma, as variedades linguísticas em uso na sociedade sofrem uma ordenação valorativa constante, refletindo a hierarquia dos grupos sociais. Em virtude desse processo, nas sociedades, de modo geral, evidencia-se a existência de **variedades consideradas prestigiadas** (como é o caso da dita variedade padrão, nas sociedades de tradição ocidental) e de **variedades vistas como não prestigiadas** (Alkmim, 2003, p. 40). Voltaremos a esse tema ao abordarmos a questão do preconceito linguístico, ao final desta seção.

Como qualquer língua, falada por qualquer comunidade, vai sempre apresentar variações, o principal objeto de análise da SL é a **variação**. Tal variação pode ocorrer no plano diacrônico (histórico) ou no sincrônico. Perseguindo os propósitos deste livro, na sequência, daremos atenção a algumas considerações relacionadas à variação sincrônica.

O fato de que as línguas variam é algo bastante evidente. Por isso, a questão que procuraremos desenvolver é: como as línguas variam? Pensemos no fato de que diferentes países falam diferentes línguas. Podemos ainda pensar no caso de Portugal e Brasil, que, teoricamente, falam o português, mas, na realidade, apresentam características linguísticas próprias (atualmente já se fala em português de Portugal e português do Brasil – PB). Também a Espanha e vários países hispano-americanos falam a língua espanhola, outro caso em que cada país apresenta inúmeras particularidades linguísticas. O espanhol da Espanha difere do espanhol argentino, que, por sua vez, é diferente do espanhol chileno, e assim por diante.

Se considerarmos apenas o Brasil, logo percebemos que o português falado em cada região apresenta especificidades, principalmente no que se refere ao léxico e à pronúncia. Um exemplo disso é a raiz comestível conhecida em alguns lugares como *mandioca*, que talvez você na sua região conheça como *aipim* ou *macaxeira*. No Paraná temos o pão francês; em Santa Catarina o mesmo pão é conhecido como *cacetinho*. Você conhece outros casos de variação lexical, ou seja, em que há mais de um termo linguístico para fazer referência a um mesmo elemento no mundo? É provável que sim, principalmente se já morou em outras regiões ou convive com pessoas de outros estados. Note que, apesar dessas diferenças lexicais e dos possíveis problemas de compreensão, quando pessoas de culturas e regiões distintas conversam, todos falamos a mesma língua – o português.

Além do nível lexical, a variação também pode ocorrer nos níveis fonético, sintático e morfossintático. Porém, antes de vermos os exemplos relativos a cada nível, devemos ter em mente que tais níveis de variação podem estar vinculados a fatores como o lugar ou região (**variação diatópica**), o grau de formalidade da situação de fala (**variação diafásica**) e aspectos socioeconômicos do falante, como classe social, idade, sexo, grau de escolaridade e contexto social (**variação diastrática**). Os exemplos de variação lexical, mencionados acima, são casos de variação diatópica. O mesmo ocorre quando falantes de diferentes regiões apresentam "sotaques" distintos para um mesmo som. Entrando no terreno da fonética, um exemplo clássico é a pronúncia do *-r* final de sílaba por paulistanos e cariocas. Assim, enquanto aqueles tendem a pronunciar o *-r* mais vibrante, estes vão fazê-lo de modo aspirado. Em termos sociolinguísticos variacionistas, temos que o /r/ (vibrante ou *flap*) e o /h/ (aspirado) são variantes linguísticas que constituem uma variável[1] fonética: a pronúncia do *-r* final de sílaba no PB. Assim, as variantes linguísticas são as diferentes formas de dizer a mesma coisa, e a **variável linguística** é um conjunto de duas ou mais variantes. Um mesmo falante pode dizer "Eu vou trabalhar" ou "Eu vou trabalhá". Como o -*r* aqui é um morfema flexional, temos um caso de variação morfológica de marca do infinitivo do verbo. As variantes são: a presença do -*r* final e a ausência do -*r* final. Trata-se, então, de um exemplo de variável morfológica de marcação do infinitivo. Considerando-se que esse tipo de variação não está, necessariamente, relacionado à região e que a mesma pessoa pode produzir uma ou outra forma, dependendo do grau de formalidade da situação, esse seria um caso de variação diafásica (Beline, 2005, p. 123).

Um exemplo de variação sintática seria o uso dos pronomes relativos em construções como "a pessoa **de quem** eu te falei" ou "a pessoa **que** eu te falei", sendo também um caso de variação diafásica. Por último, a realização do -*s* como marca de plural em sintagmas nominais é outro tipo de variação bastante pesquisado e discutido. A marcação ou não do -*s* de plural faz parte da variação morfossintática. Observemos os exemplos* seguintes:

(1) aS vizinhaS apressadaS
(2) aS vizinhaS apressadaØ
(3) aS vizinhaØ apressadaØ

A variável linguística em questão é a marcação do plural no sintagma nominal (SN)^m, e as variantes são a presença ou o apagamento do /s/. Segundo a descrição oferecida por Tarallo (1997, p. 9), em (1), o suposto

---

* A representação /S/ com maiúscula refere-se à transcrição fonêmica do fonema não marcado, que pode ser produzido com chiado, isto é, com /ʃ/ ou /ʒ/, como no sotaque, ou sem chiado, com /s/ ou /z/, ou ainda com apagamento, sem pronúncia Ø. Isso significa que há neutralização desse fonema em final de sílaba. O nome dessa neutralização se popularizou como *arquifonema* (Câmara Júnior, 1970, p. 52).

falante retém a marca de plural em todo o SN, refletindo o uso da norma-padrão no português. Em (2), o falante retém a variante [s] na posição de determinante e de nome-núcleo, adotando a variante [Ø] (apagamento) no adjetivo. Em (3), o falante usa a variante não padrão nas duas posições finais do SN. Embora a primeira forma seja a variedade considerada de maior prestígio, todas são variedades do PB, uma vez que são formas reconhecidas pelos falantes dessa língua, ou seja, são reconhecidas pela gramática internalizada dos falantes. O mesmo não ocorreria com construções como *"a vizinhas apressada" ou *"o vizinhas apressada", as quais seriam consideradas agramaticais pela gramática descritiva por não ocorrerem em nenhuma variedade linguística do português. Por envolver aspectos socioeconômicos como classe social e nível de escolaridade, a marcação do -s de plural pode ser considerada um exemplo de variação diastrática.

5.1.2 Variação e preconceito linguístico

Até aqui vimos exemplos de diferentes tipos de variação a partir da perspectiva sociolinguística. Agora já temos dados suficientes para refletir sobre algumas questões importantes. Primeiramente, a SL encara a variação como algo inerente às línguas naturais e, portanto, inevitável, podendo ocorrer em diferentes níveis linguísticos. O sociolinguista, ao voltar seu olhar para a linguagem, busca sistematizar a variação existente na fala de uma determinada comunidade linguística, relacionando-a, principalmente, aos fatores socioeconômicos dos falantes. Tudo isso seria perfeito, não fosse o fato de que certas variedades linguísticas têm mais prestígio que outras! É nesse ponto que surge uma grande confusão em torno da concepção de língua.

Você já deve ter ouvido comentários como: "O português do Estado X é melhor ou mais bonito do que o do Estado Y", "Tal pessoa fala errado", "Nossos alunos não sabem falar português". De forma objetiva, podemos dizer que comentários como esses demonstram, sobretudo, um desconhecimento do que a linguística moderna entende como **língua**. Note que a concepção de língua que está por trás dessas supostas falas está estreitamente relacionada à ideia de gramática normativa (GN) ou prescritiva – conjunto de regras que **devem** ser seguidas pelo falante. Nessa perspectiva, tudo o que foge à "norma" ou não é considerado língua, ou é uma língua "estragada", inferior à variedade considerada padrão. Assim, as formas (2) e (3) seriam vistas como erros terríveis. A GN pretende ditar à modalidade oral as normas da escrita, geralmente tomando como modelo textos literários consagrados. Porém, como professores, é imprescindível considerar as diferenças entre a modalidade escrita e a modalidade oral.

Já a SL, numa perspectiva descritiva, parte da noção de gramática internalizada, ou seja, a gramática passa a ser vista como "o conjunto de regras que o falante domina" (Possenti, 1996, p. 69). Por isso, a análise sociolinguística, diferentemente da análise da gramática tradicional, não vai considerar formas como (2) e (3) erradas, ou inferiores. São simplesmente formas usadas por certas comunidades linguísticas e que diferem da variedade tida como padrão. Assim, a SL só vai considerar agramaticais aquelas formas que não são produzidas por falantes de nenhuma comunidade linguística.

Com base no que foi exposto até aqui, pretendemos apresentar alguns elementos que nos possibilitem entrever nos comentários anteriores uma postura permeada por **preconceito linguístico**. Isso porque, por trás de noções como "português bonito" e "português ruim", esconde-se o valor atribuído a determinados grupos na sociedade. Como bem aponta Bortoni-Ricardo (2004, p. 33-34),

> os falantes que são detentores de maior poder – e por isso gozam de mais prestígio – transferem esse prestígio para a variedade linguística

que falam. [Daí que] [...] *as variedades faladas por grupos de maior poder político e econômico passam a ser vistas como variedades mais bonitas e mais corretas.* [A autora aponta ainda que tais variedades] [...] *nada têm de intrinsecamente superior às demais,* [uma vez que seu prestígio resulta de fatores políticos e econômicos.]

Dessa forma, a variedade falada numa região pobre pode ser estigmatizada, e a variedade usada numa região de alto poder aquisitivo tende a ser valorizada.

Chegamos ao fim desta pequena introdução à SL, com a qual tivemos como objetivo apresentar ou relembrar algumas noções usadas nessa área e, principalmente, resgatar um pouco a reflexão sobre a variação linguística e as relações de poder e discriminação que a permeiam. Como professores, principalmente de língua materna, precisamos estar atentos a essa questão. Aceitar a variação é, antes de tudo, aceitar as diferenças. Podemos, sim, conscientizar nossos alunos das diferenças linguísticas e da importância de dominar a variedade considerada padrão, porém sem desrespeitá-los ou inferiorizá-los pela variedade linguística que usam no contexto de sua comunidade.

5.2 Neurolinguística

Como o próprio hibridismo do nome sugere, a neurolinguística (doravante NL) envolve dois campos do conhecimento humano: a neurociência, que se interessa pelo conhecimento do cérebro e da mente e suas relações com o comportamento humano, e a linguística, que se interessa pelo conhecimento científico da linguagem humana. Assim, o objeto de estudo da NL é a relação entre linguagem e cérebro, buscando relacionar determinadas estruturas cerebrais com certos distúrbios da linguagem (Morato, 2003, p. 143).

5.2.1 Da afasiologia à neurolinguística

O termo *neurolinguística* está historicamente associado à afasiologia, a qual surge da descrição sistemática das alterações da linguagem resultantes de lesões cerebrais. Embora desde tempos mais antigos já se tivesse conhecimento de que danos no cérebro podiam causar distúrbios da linguagem, somente em meados do século XIX esse problema começa a ser pesquisado de forma sistemática.

Inicialmente, o médico francês Paul Broca estudou o cérebro de um de seus pacientes que não conseguia falar nem escrever, apenas conseguia dizer as palavras "tan tan" e fazia gestos. Após a morte desse paciente, Broca examinou seu cérebro e constatou que a primeira circunvolução frontal esquerda estava atrofiada e que havia uma cavidade na parte posterior da terceira circunvolução esquerda. Depois de observar algo semelhante ao examinar o cérebro de um segundo paciente, que em vida não lia nem escrevia, mas usava muitos gestos, Broca concluiu que o centro da fala estaria situado na parte posterior da terceira circunvolução frontal. Essa parte do cérebro ficou conhecida como *área de Broca* (localizada perto da têmpora). Pessoas com lesão nessa área apresentam perda da expressão da linguagem, sendo denominada *afasia de Broca*. Segundo Morato (2003, p. 150), embora tenha sido alvo de críticas, essa ideia se mantém até os nossos dias. Mais tarde, o neurologista alemão Carl Wernicke identificou uma segunda área do cérebro cujas lesões produzem uma afasia[m] diferente, que se caracteriza por uma fala fluente, porém sem sentido e com graves dificuldades de compreensão; atualmente, fala-se em *área de Wernicke* (lado esquerdo, atrás e acima do ouvido) e *afasia de Wernicke*. O neurologista americano Norman Geschwind, em meados do século XX, confirma a existência de diferentes áreas da linguagem no cérebro, acrescentando que as áreas de Broca e Wernicke estão conectadas entre si por um feixe de fibras e que lesões nessas fibras produzem um terceiro tipo de afasia, a chamada *afasia de condução*, que apresenta sintomas próprios (Trask, 2004, p. 23).

Com base no exposto, podemos entender que as afasias podem ser divididas em dois grandes grupos: fluentes e não fluentes. As **afasias não fluentes** incluem problemas de expressão, fala telegráfica, agramatismo etc., sendo características nas afasias de Broca. Já as **afasias fluentes** envolvem problemas de compreensão, anomias⁽¹¹⁾ e parafasias⁽¹¹⁾, sendo características, principalmente, nas afasias de Wernicke e de condução. Atualmente, com a ajuda da tecnologia, tem sido possível examinar a atividade dos cérebros de pessoas saudáveis e conscientes durante a realização de tarefas linguísticas específicas, como ouvir, ler e falar. Os novos dados obtidos têm contribuído para confirmar e ampliar a compreensão da localização e das funções das diferentes áreas da linguagem (Trask, 2004, p. 205).

Até aqui nos limitamos ao campo da afasiologia, uma vez que, como observa Morato (2003, p. 151), o estudo linguístico da afasia só vai ocorrer em meados dos anos 60 do século XX. Inicialmente, os estudos neurolinguísticos estão voltados basicamente para aspectos sintáticos (regularidades gramaticais e regras de boa formação de sentenças) e semânticos (representações lógico-formais de sentenças). A fala, em seu contexto fonético-fonológico, por ser considerada apenas uma realização motora, ficou à margem dos problemas afásicos. Nos primeiros estudos linguísticos das afasias, também não foram levadas em conta "as atividades realizadas pelos falantes em situações de uso efetivo da linguagem, os aspectos socioculturais a ela relacionados e as práticas discursivas [...] que a mobilizam" (Morato, 2003, p. 151). Jakobson foi o primeiro a realizar de forma sistemática estudos propriamente linguísticos das afasias, propondo, a partir de uma classificação neuropsicológica estabelecida pelo cientista russo Alexander Luria, seis formas básicas de afasias: aferente, eferente, sensorial, dinâmica, semântica e amnésica.

Os trabalhos de Jakobson não só representaram um marco no estudo das afasias, como também despertaram o interesse dos linguistas pelas patologias e pela busca de propriedades comuns tanto às afecções quanto à aquisição de língua materna e a outros aspectos da linguagem comum (Morato, 2003, p. 154-160). Morato aponta que atualmente existe uma tendência em se adotar a abordagem discursiva nos estudos que relacionam linguagem e cognição, uma vez que "A afasia é, [...], uma questão de linguagem; um problema essencialmente discursivo, não redutível aos níveis linguísticos" (Morato, 2003, p. 154). É nessa perspectiva que a NL vai buscar apoio nos referenciais teóricos da pragmática, das teorias enunciativas e da análise do discurso, ampliando suas possibilidades de análise.

5.3 Psicolinguística

A psicolinguística é considerada a ciência que estuda como as pessoas adquirem, compreendem, produzem e perdem a linguagem. Esse campo de estudo começou a tomar forma nos anos 1950, impulsionado, de certa forma, pelo argumento defendido por Chomsky de que a linguística deveria ser encarada como parte da psicologia cognitiva. De modo mais específico, a literatura dessa área tem situado seu nascimento em 1951, em um seminário que ocorreu em uma importante universidade norte-americana e reuniu diversos psicólogos e linguistas cujas reflexões acerca das relações entre mente e linguagem forneceram as bases para a criação de uma ciência que se ocupasse desse objeto de estudo (Fernández Jaén, 2007, p. 39). Desde então, a psicolinguística desenvolveu-se muito e tomou rumos bem diferentes daqueles inicialmente propostos em 1951.

Em razão da natureza de seu objeto de estudo, configura-se como uma ciência interdisciplinar. O estudo psicológico da faculdade linguística se nutre dos avanços de áreas como a biologia ou a neurologia, uma vez que a linguagem tem sido considerada frequentemente como uma característica biológica própria do ser humano, que depende de uma configuração cerebral e de uma evolução morfológica especial. Também os avanços da antropologia e da sociologia têm beneficiado os estudos psicolinguísticos, posto que uma das funções fundamentais da linguagem é a de possibilitar a comunicação entre as pessoas que falam uma mesma língua. Por isso, para compreender alguns mecanismos mentais, muitas vezes é necessário recorrer à cultura e às convenções sociais que pautam a conduta de cada comunidade. Também há de se considerar a influência da engenharia informática e da inteligência artificial, ciências que têm possibilitado o estabelecimento de hipóteses sobre o modo como o cérebro processa, representa e cria a linguagem (Fernández Jaén, 2007, p. 40). Nesse sentido, Anula Rebollo (1998, p. 10) afirma que os estudos psicolinguísticos apoiam-se em dois pilares: a biologia e a computação. Vinculam-se à biologia à medida que a linguagem depende de um intrincado sistema neurofisiológico; relacionam-se à computação porque a atividade verbal é basicamente um procedimento de manipulação simbólica que requer conhecimentos, representações, algoritmos e mecanismos de processamento.

Até aqui, vimos que a psicolinguística pode dialogar com distintos campos do saber. Mas qual seria sua relação com a linguística? Conforme Anula Rebollo (1998, p. 12), a ciência com a qual a psicolinguística tem mais aspectos em comum é a linguística geral, que se ocupa do estudo da linguagem humana como um mecanismo universal de comunicação. Embora o objeto de estudo – a linguagem – seja o mesmo para ambas as áreas, os **objetivos de estudo** desse objeto e os **métodos** utilizados para analisá-lo são distintos.

Dessa forma, podemos afirmar que existem diferenças consideráveis que separam a pesquisa linguística da pesquisa psicolinguística. Tais diferenças inscrevem-se tanto nos pressupostos epistemológicos de cada área quanto na forma de abordar os problemas da linguagem. Assim, em se tratando do objeto de estudo de cada uma, a **linguística** interessa-se em saber **o que constitui o conhecimento da linguagem**, enquanto a **psicolinguística** busca encontrar respostas sobre **como o conhecimento da linguagem é utilizado**. Devemos observar que tal distinção apoia-se na dicotomia competência/desempenho, ou seja, entre o conhecimento que todo falante tem de sua língua e o conjunto de procedimentos que possibilita que esse conhecimento seja aplicado à compreensão e à produção de expressões linguísticas. Dito de outra forma, a psicolinguística está voltada ao estudo dos processos pelos quais o instinto da linguagem é posto em prática, buscando determinar como conseguimos expressar uma mensagem a partir de poucos sons que trazem significados específicos, ou como conseguimos que pensamentos sejam traduzidos em certos sons.

Quanto aos **métodos de pesquisa**, a psicolinguística emprega procedimentos como a **observação**, a **experimentação** e a **simulação** do comportamento verbal (a partir da elaboração de programas de computador que executem determinadas tarefas linguísticas). Ainda no âmbito da metodologia, há **três grupos de sujeitos que interessam para as pesquisas psicolinguísticas**: crianças em processo de aquisição de uma língua; adultos competentes em uma ou várias línguas; crianças e adultos com transtornos no comportamento verbal. Esses grupos oferecem dados sobre o funcionamento do sistema linguístico ou de seus componentes em três estágios considerados cruciais: o período de aquisição da linguagem, a etapa de maturidade linguística e as fases que antecedem e sucedem o período de desenvolvimento da capacidade verbal e que mostram um atraso no ritmo da aquisição da linguagem ou uma destruição total ou parcial de habilidades linguísticas previamente adquiridas.

Embora a psicolinguística se interesse por aspectos do processamento linguístico – as etapas envolvidas na produção e na compreensão da fala, tais como "as ligações entre o uso da linguagem e a memória, o estudo linguístico da leitura e, mais recentemente, as possíveis ligações com a percepção e a cognição" (Trask, 2004, p. 243) –, é no estudo da aquisição que ela mais tem se destacado. Dessa forma, os estudos psicolinguísticos têm contribuído, principalmente, para maior compreensão dos processos envolvidos tanto na aquisição de língua materna quanto na de segundas línguas. Assim, chegamos ao tema do nosso último capítulo, que vai tratar das diferentes teorias de aquisição de linguagem.

Síntese

Neste capítulo, pudemos conhecer um pouco sobre a sociolinguística, a neurolinguística e a psicolinguística. Apresentamos um breve histórico das filiações que contribuíram para a constituição de cada uma, procurando destacar os respectivos objetos de análise e termos básicos empregados, assim como alguns temas de interesse de cada área. Esperamos ter atingido nosso propósito inicial, que era oferecer um panorama geral de alguns campos que fazem parte de uma linguística mais ampla, que ultrapassa os limites da língua – a macrolinguística. Esses campos, como procuramos mostrar, constituem-se na convergência com outras áreas e, cada um na sua especificidade, oferecem maiores possibilidades de compreensão deste rico fenômeno – a linguagem.

Indicações culturais

COAN, M.; FREITAG, R. M. K. Sociolinguística variacionista: pressupostos teórico-metodológicos e propostas de ensino. **Domínios de Lingu@gem**, v. 4, n. 2, 2010. Disponível em: <http://www.seer.ufu.br/index.php/dominiosdelinguagem/article/view/11618/6863>. Acesso em: 27 abr. 2015.

Se você desejar ampliar seu conhecimento sobre a proposta teórico-metodológica da sociolinguística e a possibilidade de abordar aspectos sociolinguísticos em sala de aula, recomendamos a leitura desse artigo de Márluce Coan e Raquel Meister Ko Freitag.

Atividades de autoavaliação

1. Considerando os estudos da sociolinguística, assinale V (verdadeiro) ou F (falso) nas afirmações a seguir:
   ( ) A sociolinguística variacionista, proposta por Labov, ao voltar-se para a relação entre língua e sociedade e a possibilidade de sistematizar a diversidade da língua falada, é tida como uma reação à ausência do componente social no gerativismo.
   ( ) As diferentes formas de falar em diferentes comunidades linguísticas são denominadas de *variáveis linguísticas*.
   ( ) A variação entre os falares dos diferentes estados do Brasil pode ocorrer em diferentes níveis linguísticos – lexical, fonético e sintático – e insere-se no plano sincrônico.
   ( ) As variedades linguísticas em uso nas sociedades e comunidades não refletem a hierarquia dos grupos sociais, em termos de ordenação valorativa.

2. Assinale com V (verdadeiro) ou F (falso) as definições a seguir:
   ( ) **Afasia de Broca** – caracteriza-se pela perda da expressão da linguagem.
   ( ) **Afasia de Wernicke** – Caracteriza-se por dificuldades de compreensão e fala fluente, mas sem sentido.
   ( ) **Anomia** – Caracteriza-se por trocas inesperadas e incompreensíveis de palavras inteiras ou partes de palavras.
   ( ) **Parafasia** – Origina-se da descrição sistemática das alterações da linguagem decorrentes de lesões do cérebro.
3. Considerando a perspectiva da sociolinguística variacionista, assinale com V (verdadeiro) ou F (falso) as afirmações a seguir:
   ( ) Na variação diafásica, é possível estabelecer a hipótese de que o mesmo falante use as formas *dançar* ou *dançá, esquecer* ou *esquecê*, apagando parte de palavras quando está numa situação de bastante informalidade.
   ( ) A variação diatópica é influenciada por aspectos socioeconômicos do falante, como classe social, idade, sexo, grau de escolaridade e contexto social.
   ( ) Certos comentários como "Hoje em dia os jovens não sabem mais falar português" refletem um entendimento da língua que a concebe como um conjunto de regras interiorizadas pelo falante.
   ( ) Cada comunidade linguística utiliza formas diferentes de falar. A essas diferentes formas de falar dá-se o nome de *variedades linguísticas*.
4. Assinale a alternativa **incorreta**:
   a) A sociolinguística variacionista, ao voltar-se para a relação entre língua e sociedade e a possibilidade de sistematizar a diversidade da língua falada, dialoga com áreas como a sociologia, inserindo-se também na tendência interdisciplinar.

b) As diferentes formas de falar em diferentes comunidades linguísticas são um exemplo de variação diafásica.

c) A variação entre os falares dos diferentes estados do Brasil se dá principalmente nos níveis lexical e fonético.

d) Comunidades linguísticas rurais ou com pouca escolaridade podem produzir enunciados como "Nóis vai pro baile". Esse poderia ser considerado um exemplo de variação diastrática.

5. Marque a opção correta:

a) A afasia de Broca caracteriza-se, principalmente, por trocas inesperadas e incompreensíveis de palavras.

b) A dificuldade de selecionar palavras – anomia – é um sintoma típico dos portadores da afasia de condução.

c) Fala fluente, mas sem sentido e dificuldades de compreensão são características da afasia decorrente de lesões na área de Wernicke.

d) Os estudos psicolinguísticos interessam-se em estudar o conhecimento que todo falante tem sobre sua língua – a competência.

Atividades de aprendizagem

Questões para reflexão

1. Em que se baseia a suposição de que a variedade ou o falar de uma região seria melhor que as variedades de outras regiões?

2. Por que alguns falares são depreciados enquanto outros são valorizados na sociedade? Quem determina, nesse caso, o que é correto ou incorreto?

Atividade aplicada: prática

1. Se você tiver o recurso de utilização de vídeo em sua escola e o acesso a filmes, apresente aos seus alunos e/ou a colegas professores um desenho do personagem Chico Bento, de Maurício de Souza (se

você não for professor, faça isso com qualquer outro grupo de pessoas). Depois de assistir ao desenho, estimule uma discussão sobre a fala do Chico Bento, buscando elementos de preconceito linguístico na opinião das pessoas. Escreva, então, um texto sobre a experiência.

Capítulo 6

Chegamos à última etapa deste passeio pelas trilhas dos estudos linguísticos. Tentamos dar a este caminho um rumo o mais linear possível, para que pudéssemos oferecer um panorama da linguística. Porém, como não existe um fim de linha, considerando-se as diversas bifurcações que agora se apresentam, decidimos terminar pelo começo. E onde é o começo? O começo é a aquisição da linguagem, certo?

Neste capítulo, então, para concluir, apresentaremos algumas das principais correntes teóricas que tentam explicar o processo de aquisição tanto da língua materna pela criança como de línguas estrangeiras por indivíduos em várias idades. Depois das discussões a respeito de alguns pressupostos teóricos sobre aquisição de segunda língua, abordaremos também algumas conclusões de pesquisas referentes a fatores que influenciam a aquisição de uma segunda língua.

Aquisição de linguagem

6.1 Aquisição de língua materna

A aquisição da linguagem pela criança, embora aceita como algo comum pelas pessoas, tem ocupado a mente de estudiosos desde a Antiguidade. Os estudos sistemáticos sobre aquisição, no entanto, só iniciaram no século XIX, quando linguistas começaram a descrever em diários o processo de aquisição de crianças, muitas vezes seus próprios filhos, em trabalho **longitudinal***.

Como vimos em capítulos anteriores, a aquisição é uma área híbrida, heterogênea e multidisciplinar, situada entre teorias linguísticas e psicológicas nas áreas de comportamento, desenvolvimento e cognição. A psicologia cognitiva tem sido a arena privilegiada para os estudos sobre aquisição de linguagem, seja de língua materna, seja de segunda língua, ou sobre aquisição da escrita**.

Nos próximos tópicos, vamos comentar um pouco sobre algumas das principais correntes teóricas em aquisição, algumas delas frontalmente opostas, outras complementares entre si, mas todas, a seu modo, tentando dar conta dos fatos que acontecem durante os três primeiros anos de vida de cada ser humano, na busca de comunicação com os adultos ao seu redor.

6.1.1 Behaviorismo *versus* inatismo

Enfatizando a observação no comportamento, a teoria behaviorista vê a aquisição da linguagem como decorrência da exposição do indivíduo ao meio e da aplicação de mecanismos comportamentais como reforço, estímulo e resposta. A aprendizagem da língua materna por uma criança não seria diferente da aprendizagem de outros comportamentos próprios do ser humano, como dançar, tocar piano e jogar futebol. Burrhus Frederic Skinner, o mais influente psicólogo da corrente behaviorista, propõe "enquadrar a linguagem (ou 'comportamento verbal') na sucessão e contingência de mecanismos de estímulo-resposta-reforço,

---

* Pesquisa longitudinal é aquela que se faz ao longo de determinado período de tempo, geralmente comparando resultados de dados coletados em diferentes etapas da pesquisa.

** Nesta obra, trataremos apenas da aquisição de língua materna e de língua estrangeira, deixando de abordar a aquisição da escrita.

que explicam o condicionamento e que estão na base da estrutura do comportamento" (Scarpa, 2003, p. 206).

Em 1959, no entanto, Chomsky publica uma crítica ao livro *Verbal Behavior*, de Skinner (1957), apresentando diversos argumentos muito convincentes contra o behaviorismo[11]. Chomsky, como visto anteriormente neste livro, entende a língua não como uma habilidade que se desenvolve por meio de estímulo e resposta, punição e recompensa, mas como um módulo da mente humana, geneticamente constituído. O empirismo contido na abordagem behaviorista define o cérebro como uma tábula rasa, vazia e desestruturada no que diz respeito aos fatos mentais. O aspecto essencial da crítica de Chomsky ao empirismo é que a estrutura do cérebro é determinada *a priori* pelo código genético. Esse órgão é programado para analisar a experiência e construir saberes a partir dela. Em contato com o ambiente linguístico de sua comunidade, a criança adquire a língua sem esforço, mesmo sem ser ensinada, pois é inata. Apesar de finitas as regras da língua, o cérebro humano pode gerar uma infinidade de sentenças.

Essa programação existente no cérebro da criança está contida num mecanismo que, na primeira versão da teoria, Chomsky chamou de **Language Acquisition Device – LAD (dispositivo de aquisição de linguagem)**, do qual já falamos no Capítulo 2. Com esse mecanismo, a criança elabora hipóteses linguísticas sobre os dados primários da língua à qual é exposta e vai gerando a gramática de maneira relativamente instantânea. "Esse mecanismo inato faz 'desabrochar' o que 'já está lá', por meio de projeção, nos dados do ambiente, de um conhecimento linguístico prévio, sintático por natureza" (Scarpa, 2003, p. 207).

Na outra versão da teoria, a princípios e parâmetros (P&P), também apresentada no Capítulo 2, o gerativismo chomskyano defende que a criança nasce programada com princípios universais mais um conjunto de parâmetros. Quando exposta aos dados linguísticos, ela fixa os parâmetros da língua de sua comunidade.

Outro pressuposto do inatismo é a modularidade da mente. Assim,

> a relação entre a língua e outros sistemas cognitivos, como a percepção, a memória e a inteligência, é indireta, e a aquisição da linguagem – ou o desenvolvimento da Gramática Universal junto com a fixação de parâmetros – não depende, necessariamente, de outros módulos cognitivos, muito menos de interação social. (Scarpa, 2003, p. 209).

Pinker, influenciado pelas ideias de Chomsky, entende a aquisição da linguagem como um instinto, assim como o é para a aranha fazer a teia ou para a abelha fazer o mel. Falar e compreender uma língua são habilidades especializadas e complexas, que se desenvolvem espontaneamente na criança, sem esforço consciente ou instrução formal. Funcionam da mesma forma para qualquer indivíduo e são distintas das outras habilidades para processar informações ou comportar-se de forma inteligente. Sendo um cientista cognitivista, Pinker descreve a linguagem como uma faculdade psicológica, um órgão mental, um sistema neural e um módulo computacional. Para Pinker, a língua não é um artefato cultural, mas uma peça distinta da composição biológica do nosso cérebro. Seu argumento se constrói com base no fato de uma criança de três anos ser, para ele, um "gênio na gramática", mas não ser capaz de compreender arte, iconografia religiosa, sinal de trânsito; o ser humano é uma espécie de primata com uma habilidade especial para comunicar sobre quem fez o que para quem, modulando os sons que faz quando expira (Pinker, 2000a).

Muitos psicólogos, professores e pesquisadores da linguagem contestam a premissa de que as crianças adquirem a linguagem sem esforço. Argumentam que elas são ensinadas sim e que realmente **aprendem** a língua durante o processo (Loritz, 1999). Também os sociolinguistas e os funcionalistas criticam aquela premissa, defendendo o aprendizado em termos de interação e desenvolvimento social. Nesse sentido, duas vertentes teóricas têm norteado vários pesquisadores da área de aquisição: o cognitivismo construtivista e o interacionismo social.

6.1.2 O construtivismo cognitivista de Piaget e o construtivismo social de Vygotsky*

Ao apresentar sua teoria da epistemologia genética, Jean Piaget contesta as duas visões apresentadas anteriormente. Primeiro, afirma que não existem conhecimentos resultantes de um simples registro de observações, que a aprendizagem não poderia ser apenas réplicas de um estímulo, uma "cópia funcional" de dados externos (Piaget, 1978, p. 33). Em segundo lugar, contesta a inversão dessa perspectiva para o lado do inatismo, defendendo que "entre os dois podem subsistir interpretações à base de interações e de autorregulações" e acrescenta ainda que seu "problema central é a formação contínua de estruturas **novas** que não seriam pré-formadas nem no meio nem no interior do próprio sujeito, no transcurso dos estágios anteriores de seu desenvolvimento" (Piaget, 1978, p. 34, grifo do original). O autor refuta também a autonomia do chamado *mecanismo de aquisição da linguagem* ou da gramática universal como domínio específico do conhecimento linguístico.

Assim, Piaget argumenta que a aquisição da linguagem depende da inteligência da criança e é resultado da interação entre o ambiente em que ela vive e sua capacidade inata de adquirir conhecimentos. Posiciona-se contra a ideia de modularidade apresentada por Chomsky e assume a linguagem como secundária em relação ao pensamento

---

* O nome desse autor russo tem sido traduzido para *Vygotsky*, *Vigotski* ou *Vigotsky*. Demos preferência à opção *Vygotsky* por ser a mais comumente usada, apesar de constar *Vigotski* no livro que consultamos, como você pode ver nas referências bibliográficas.

lógico matemático. "Piaget distingue com rigor linguagem e pensamento desde as primeiras etapas do desenvolvimento" (Belintane, 2005a, p. 68). Rechaça também a visão behaviorista afirmando que as crianças não são passivas ao recebimento de qualquer espécie de conhecimento, à espera de que este lhes seja transmitido.

Criticando Piaget por considerar que esse teórico subestimou o papel da interação com o adulto para o desenvolvimento da fala, Lev Semionovitch Vygotsky apresenta outra concepção para o curso do desenvolvimento do pensamento. Para ele,

> o desenvolvimento do pensamento não vai do individual para o socializado, mas do social para o individual. [Todo o desenvolvimento do pensamento e da linguagem da criança, que para Vygotsky estão intimamente ligados, tem origens sociais, nas trocas comunicativas com os adultos]. As palavras desempenham um papel central não só no desenvolvimento do pensamento, mas também na evolução histórica da consciência como um todo. Uma palavra é um microcosmo da consciência humana. (Vigotski, 1998, p. 190)

Muitas propostas com base em Vygotsky surgiram como alternativa ao inatismo chomskyano e ao cognitivismo piagetiano. Também construtivista, o interacionismo social nascido das ideias de Vygotsky explica a linguagem como um "instrumento que permitirá ao homem pensar e planejar coletivamente suas ações" (Belintane, 2005b, p. 50). A aquisição da linguagem seria então um processo pelo qual a criança constrói seu mundo e sua história por meio do mundo e da história do outro.

As teorias construtivistas, a exemplo das demais, não estão imunes às críticas. Os teóricos dessa vertente não foram ainda capazes de explicar como se processam as categorias puramente linguísticas. Mesmo assim, os estudos mais funcionalistas apoiam-se no papel funcional da linguagem para a interação entre as pessoas.

6.1.3 O conexionismo

Nascida nas neurociências, a teoria do conexionismo, já abordada anteriormente quando tratamos da morfologia, inspira-se na arquitetura do cérebro e apoia-se nas redes neurais artificiais para buscar elementos para explicar os processos cognitivos.

> A palavra conexionismo está ligada à rede de conexões existentes entre os neurônios. Tais conexões são verdadeiras comunicações que se estabelecem quando neurônios recebem inputs de outros neurônios; esses inputs excitam ou inibem os neurônios, que transmitem uma voltagem de saída (outputs) para outros neurônios e assim sucessivamente. (Dias, 2009, p. 36-37)

O conexionismo rejeita as estruturas simbólicas discretas e dispensa conteúdos representacionais, pois é baseado no uso e na experiência. Durante a aquisição da linguagem, a criança não precisa recorrer a regras simbólicas, uma vez que o *input* oferece dados em número suficiente para que o aprendiz, de maneira probabilística, capte a regularidade do sistema. A capacidade de generalização a partir dos dados estocados é um dos principais pontos da teoria.

Como registramos em outro texto, "o conexionismo como novo modelo de concepção da aquisição da linguagem foi de grande importância, pois iniciou uma série de argumentações e contra argumentações a respeito da natureza da linguagem e reaviva a discussão *nature* x *nurture*, isto é, o que é inato e o que é do ambiente" (Gomes, 2009 p. 130). Adotando uma linha neobehaviorista, o conexionismo desconsidera a natureza simbólica de regras da gramática universal, espinha dorsal da teoria gerativa. Nessa linha de pensamento também vem a linguística probabilística, que já abordamos várias vezes neste livro. Agora vamos voltar a ela, mas com foco na aquisição de linguagem.

6.1.4 A linguística probabilística

A aquisição de uma língua envolve não apenas a identificação e produção de seus fonemas, mas também a aprendizagem das variações sutis que os falantes produzem. Segundo os defensores da linguística probabilística, o conhecimento da variação tem de fazer parte da competência linguística, pois as pessoas produzem variantes específicas em diferentes contextos de uso e com diferentes frequências. Os efeitos de frequência (de ocorrência de itens e de tipo, conforme já mencionamos), de acordo com a teoria, permeiam a representação, o processamento e a mudança linguística. Argumentam os teóricos que levar probabilidades para a linguística vai tornar mais fácil a explicação sobre a aquisição de linguagem, pois vai se concentrar na habilidade da mente em adquirir e armazenar uma gama complexa de generalizações e frequências. Dizem que aceitar a faculdade da linguagem como probabilística vai tornar a tarefa do aprendizado mais viável, pois a variabilidade e a gradiência ampliam o aprendizado (Bod; Hay; Jannedy, 2003). As propriedades probabilísticas dos múltiplos níveis de representação mental são muitas. Conforme já discutimos em capítulo anterior, as probabilidades podem estar nos fonemas, nas realizações fonéticas, nas relações morfológicas, na estrutura das sentenças, até na semântica; todos os níveis da gramática podem ser explicados em termos probabilísticos.

Como é possível observar, são diversas as formas de explicar o que acontece durante o período de aquisição desta complexa habilidade, especialmente humana, que é a de falar. Até aqui abordamos a aquisição de língua materna pela criança. A seguir trataremos da aquisição de uma segunda língua, considerando tanto os pressupostos das teorias apresentadas como os relativos às teorias que delas surgiram.

6.2 Aquisição de segunda língua (ASL)*

Assim como a aquisição de língua materna, também a aquisição de uma segunda língua tem suscitado diversas pesquisas na linguística. Além das questões puramente linguísticas, como aquisição fonológica ou sintática, muitas outras têm sido foco de investigação. Tanto fatores internos, como transferência de características da primeira língua, universais linguísticos ou aspectos cognitivos do aprendiz, quanto fatores externos ligados a questões sociais e de interação podem influenciar no processo, tornando a aquisição de uma segunda língua muito mais complexa que a de língua materna.

Traremos o que teóricos defensores dos pressupostos apresentados na seção anterior têm a dizer sobre ASL. Em seguida, abordaremos alguns dos principais fatores que podem influenciar na aquisição.

6.2.1 O behaviorismo

Como vimos anteriormente, na visão behaviorista, ao receber *input* linguístico do ambiente, uma criança em aquisição de primeira língua (L1) repete o que ouve e, então, recebe um reforço positivo quando acerta ou recebe um reforço negativo quando erra. O resultado dos estímulos, dos prêmios e das punições é a formação de um hábito. A aquisição de uma segunda língua (L2), para os behavioristas, consiste na formação de um novo hábito.

---

* A expressão *aquisição de segunda língua* tem sido muitas vezes diferenciada de *aquisição de língua estrangeira*, diferença descrita por alguns autores como SLA (do inglês *Second Language Acquisition*) versus FLA (*Foreign Language Acquisition*). A primeira é usada para descrever a aquisição natural em país em que se fala a língua-alvo, e a segunda para o caso de aprendizado em situação formal de sala de aula de língua estrangeira em outros países que não o da língua-alvo. Neste livro, porém, adotamos a expressão *aquisição de segunda língua* (ASL) indistintamente.

Os erros cometidos durante a aquisição de uma L2, segundo essa corrente, são interferências dos hábitos já formados quando da aquisição da L1. Essa visão de aprendizado de L2, com base na transferência de dados da L1, causando erros na L2, está relacionada à hipótese de análise contrastiva (*Contrastive Analysis Hypothesis* – CAH)*. A CAH prevê que, nos pontos em que há semelhanças entre as duas línguas, será fácil a aquisição; ao contrário, naqueles em que houver grandes diferenças, o aprendiz encontrará dificuldades.

Os pesquisadores, no entanto, descobriram que a situação não é assim tão simples na aquisição de L2. Não há dúvidas quanto à interferência da língua materna do falante quando ele está aprendendo outra língua. Basta ver um estrangeiro falando português para comprovarmos isso. Somos quase sempre capazes de definir a nacionalidade do falante pela forma como ele pronuncia as palavras, constrói as sentenças ou usa o vocabulário. Mas a transferência não é uma questão determinante como postula a CAH.

Pesquisadores têm encontrado erros não previstos pela CAH em dados de aprendizes de L2. Adultos em aquisição de uma L2 costumam usar estruturas simples que se parecem muito com produções de L1 por parte de crianças em processo de aquisição. Além disso, tais estruturas são muito parecidas entre aprendizes que têm origens linguísticas diferentes.

Assim como, em relação à aquisição de L1, o behaviorismo foi combatido, alguns teóricos de ASL ofereceram fortes argumentos contra a eficácia da teoria para dar conta dos fatos que ocorrem quando se aprende uma língua estrangeira e foram buscar outras formas de explicar esse processo.

---

* De acordo com a CAH, erros em L2 são o resultado de diferenças entre a língua em aquisição e a língua materna do aprendiz (Ellis, 1996, p. 698).

6.2.2 Teoria da construção criativa

Em sua teoria inatista, Chomsky não discute a aquisição de L2, mas alguns autores explicam a ASL com os mesmos princípios da aquisição de língua materna. Argumentou-se, por exemplo, que os erros dos aprendizes de uma L2 não seriam causados pela L1, mas por um sistema subjacente da competência linguística da L2. Os aprendizes se envolveriam num processo de construção de um sistema por meio do *input* recebido. Vários autores defenderam essa ideia e deram nomes diferentes a esse sistema, como **dialeto idiossincrático** (Corder, 1981) ou **interlíngua** (Selinker, 1972).

Stephen Krashen (1982) apresenta uma teoria que incorpora elementos de várias outras áreas a suas hipóteses de ASL. Para Krashen, os aprendizes constroem representações mentais da língua em aquisição e, em uma sequência ordenada, chegam ao sistema linguístico do falante nativo. Seu programa contém cinco hipóteses (Lightbown; Spada, 1997, p. 26-28):

~ **Hipótese aquisição/aprendizagem** – Krashen defende que há dois processos diferentes para se chegar ao conhecimento de uma L2: a aquisição e o aprendizado. Por aquisição o autor entende o processo natural parecido com o de uma criança ao adquirir a língua nativa, sem atenção às estruturas da língua. O aprendizado refere-se ao processo formal por meio de análise das estruturas, exercícios, correção de erros, isto é, tudo que se faz durante o estudo consciente para se aprender uma língua estrangeira. Krashen acredita que a aquisição é o processo ideal para o domínio de uma L2, pois muitos podem ser fluentes sem nunca ter aprendido regras, enquanto outros "sabem" as regras gramaticais da língua, conhecem um bom vocabulário, mas não conseguem comunicar-se.

~ **Hipótese do monitor** – O sistema "adquirido" será responsável pelo uso fluente durante a comunicação, enquanto o "aprendido" apenas atuará como monitor para corrigir e aprimorar as estruturas da língua. Segundo essa hipótese, o monitoramento por meio do conhecimento das regras serve apenas para polir o que já foi adquirido. Por isso, Krashen sugere que o ensino de línguas estrangeiras deve se basear em situações de real comunicação e não em regras gramaticais.

~ **Hipótese da ordem natural** – Durante a aquisição, segundo essa hipótese, todos os aprendizes de L2 seguem uma sequência parecida com a aquisição de L1. Independentemente da ordem de apresentação das estruturas, a aquisição se dará na mesma ordem. Isso significa que não adianta ensinar antecipadamente determinadas formas gramaticais, pois só serão adquiridas a seu tempo, por mais fáceis que possam parecer. Os morfemas de terceira pessoa do presente simples (o -s) ou o morfema de passado regular (o -ed) dos verbos em inglês são um exemplo disso. São regras muito simples de serem aprendidas, mas de difícil aquisição na fala natural.

~ **Hipótese do *input*** – Para Krashen, a aquisição só acontece quando o aprendiz recebe *input* compreensível, ao que ele chama de *i+1*, entendido como uma mensagem conhecida mais alguma informação nova. Só assim acontecerá aquisição.

~ **Hipótese do filtro afetivo** – Para a aquisição ser efetiva, segundo essa hipótese, é necessário que o aprendiz esteja relaxado e motivado. Krashen acredita que a ansiedade, o estresse, a falta de motivação criam um filtro que impede a aquisição.

A teoria de Krashen tem sido muito apreciada e considerada por grande número de criadores de métodos de ensino de L2. Principalmente por seu apelo intuitivo, muitos professores veem nas cinco hipóteses a confirmação da existência de problemas que eles já haviam, com frequência, detectado em seus alunos. Por outro lado, a teoria tem recebido diversas críticas por não oferecer os padrões mínimos necessários para uma pesquisa realmente científica.

6.2.3 O cognitivismo

A psicologia cognitiva se preocupa com as formas de pensamento e aprendizado dos seres humanos. Numa abordagem cognitiva, o aprendiz é visto como um participante ativo no processo de aprendizagem, no qual observa, pensa, categoriza e levanta hipóteses a respeito da linguagem, usando várias estratégias mentais (Williams; Burden, 1997, p. 13). O conhecimento da língua, para os cognitivistas, não pode ser separado do uso real da língua. O foco está no domínio que o aprendiz tem sobre as propriedades formais e funcionais da língua e dos processos mentais envolvidos. É na noção de domínio que as teorias podem ser consideradas cognitivas (Ellis, 1996, p. 347).

Quanto à aquisição de L2, os processos cognitivos envolvem: estratégias, operações, mapeamentos, princípios e regras. Os psicólogos cognitivos veem a ASL como a construção de sistemas de conhecimento, que podem eventualmente ser acionados automaticamente para a fala e a compreensão (Lightbown; Spada, 1997, p. 25). Psicólogos cognitivos e linguistas têm trabalhado em conjunto para a compreensão dos complexos fenômenos que envolvem a aquisição de uma segunda língua, mas as pesquisas nesse campo ainda não foram testadas em larga escala.

6.2.4 O interacionismo social

Como vimos na seção sobre aquisição de L1, para os interacionistas sociais, a aquisição da linguagem acontece por meio da interação entre a criança e as pessoas ao redor. Também em ambiente de sala de aula de L2, o segredo do aprendizado, conforme essa visão teórica, está na natureza da interação entre duas ou mais pessoas com diferentes níveis de conhecimento. O papel do que detém maior conhecimento, geralmente o professor, mas muitas vezes um colega, é encontrar formas de ajudar o outro a aprender. Essa pessoa é chamada de *mediador* (Williams; Burden, 1997, p. 40).

Vygotsky desenvolveu o conceito de zona de desenvolvimento proximal, que se refere a um nível de conhecimento acima daquele em que se encontra o aprendiz. Segundo essa concepção, a melhor maneira de aprender é trabalhar com outra pessoa que tenha um nível de conhecimento acima. Os conceitos de mediação e de zona de desenvolvimento proximal são pontos importantes da teoria interacionista que influenciaram vários métodos comunicativos de ensino de línguas estrangeiras.

6.2.5 Modelos dinâmicos – o cognitivo e o social

Discussões mais recentes sobre aquisição de linguagem, e especificamente sobre aquisição de L2, admitem que os modelos não dão conta de todos os processos envolvidos. São geralmente "visões fragmentadas de partes do mesmo sistema" (Paiva, 2005, p. 23).

Nas duas últimas décadas, tem se discutido sobre a dinamicidade e complexidade do processo de aquisição de uma segunda língua e várias teorias têm sido consideradas: **teoria de sistemas dinâmicos, teoria do caos, teoria da complexidade, teoria dos fractais, emergentismo**.

A teoria de sistemas dinâmicos assume que as línguas podem ser consideradas sistemas dinâmicos, que preveem: dependência das condições iniciais, conexão entre os subsistemas, interação entre o sistema cognitivo e o social, criatividade no uso da língua, atividade reflexiva do falante. Nessa abordagem, as habilidades cognitivas e sociais aparentes na L1 afetam o processo de aprendizado da L2 (De Bot; Lowie; Verspoor, 2007).

Quando se compara a ciência do caos e da complexidade com a ASL, argumenta-se que os cientistas estudam sistemas complexos e não lineares, que estão interessados em como a desordem abre caminho para a ordem (Larsen-Freeman, 1997). A explicação para a complexidade está em duas questões principais: a existência de muitos componentes, como o cérebro com seus bilhões de neurônios, e o fato de o comportamento desses sistemas emergir da interação entre os componentes do próprio sistema. Os sistemas são não lineares, imprevisíveis e caóticos, sempre dependentes da condição inicial. Essa última característica significa que uma leve mudança pode causar inúmeras implicações no comportamento futuro.

Fazendo um paralelo entre os sistemas complexos e a ASL, por serem ambos processos dinâmicos, aponta-se para o dinamismo da interlíngua, não havendo um estado final previsível. A interlíngua é um sistema aberto, de *input* contínuo e sempre em reestruturação (Larsen-Freeman, 1997). As diferenças individuais são imensas.

Há variações biológicas, de inteligência, aptidão, atitude, idade, estilos cognitivos, motivação, personalidade e de fatores afetivos, além das variações do contexto onde ocorrem os processos de aprendizagem – quantidade/qualidade de input *disponível, distância social, tipo e intensidade de* feedback, *cultura, estereótipos, entre outros.* (Paiva, 2005, p. 23)

Considerando esses paralelos com teorias de modelos dinâmicos, a professora Vera Lúcia Menezes de Oliveira e Paiva apresenta o modelo fractal de aprendizagem. Seu modelo parte de várias premissas:

~ Um aprendiz permanece em equilíbrio, durante um certo tempo, e, de repente, acontece uma rápida mudança demonstrando avanço na aquisição. Ou seja, na aprendizagem temos períodos de estabilidade seguidos por "explosões" e mudanças;

~ As mesmas estratégias de ensino e aprendizagem não causam efeitos semelhantes em todos os aprendizes;

~ As conexões são necessárias para que o sistema funcione, sejam elas cognitivas ou sociais.

~ O sequenciamento de dificuldades linguísticas em um programa de ensino de LE não é fator determinante para sua aquisição, pois uma das características de um sistema complexo é a auto-organização, ou seja, dentro da desordem há uma ordem.

~ Estímulos pequenos podem levar a consequências imprevisíveis, dramaticamente negativas ou positivas. Assim, em contextos formais, o professor pode não só ativar mecanismos de aprendizagem, através de pequenas atitudes, como criar barreiras intransponíveis.

Fonte: Paiva, 2005.

Essas discussões trazem um novo alento para nós, professores de língua estrangeira, que ao longo dos anos temos visto tanta variação no desempenho de nossos alunos. Enquanto alguns aprendem com muita facilidade, outros se frustram por não conseguirem aprender estruturas simples para se comunicarem. Muitos de nós temos utilizado diversas metodologias, muitas com promessas de soluções milagrosas por seus autores, mas que chegam sempre ao mesmo resultado: diferenças gritantes na condição de aprendizagem dos alunos. E essas metodologias partem sempre de uma crítica a modelos anteriores, fazendo-nos assumir uma posição, como no caso de decidir o que é importante na aquisição: o cognitivo ou o social? Os modelos dinâmicos vêm, então, assumir que a variedade é uma constante e que tanto o cognitivo quanto o social importam! Agora que já discutimos algumas das principais correntes teóricas que tentam dar conta dos fatos que ocorrem durante a aquisição de uma L2, vamos ver alguns fatores que podem influenciar esse processo.

6.2.6 Fatores que afetam o aprendizado de uma L2

Todos os professores de línguas têm suas próprias ideias e opiniões sobre o que torna certos alunos mais ou menos propensos ao sucesso no aprendizado da língua que está sendo ensinada. Alguns, por serem mais extrovertidos, aproveitam mais as oportunidades de se comunicarem. Outros são naturalmente motivados, dedicam-se ao estudo e têm atitudes altamente positivas perante o novo idioma. Alguns têm tanta facilidade que parecem ter mesmo o idioma já instalado na mente/no cérebro, e os dados apresentados na aula servem apenas como um "gatilho" para ativar aquilo "que já está lá". O fato é que todos os professores têm suas próprias crenças sobre as razões que levam os alunos a ter resultados tão diferentes, chegando grande parte deles, infelizmente, a desistir no meio do caminho.

Vamos agora ver o que os estudos nos apontam na tentativa de responder a essas indagações que sempre os docentes se fazem sobre o insucesso de tantos alunos que passam pela experiência de aprender uma L2.

Atitude e motivação

Os aprendizes de L2 manifestam diferentes tipos de atitude em relação ao aprendizado, à língua, à cultura dos países que falam aquela língua, à necessidade de aprendê-la. Estudos (Lightbown; Spada, 1997, p. 39-40) têm mostrado que uma atitude positiva, muitas vezes, está relacionada com o sucesso obtido durante o aprendizado, isto é, uma atitude positiva pode ser reforçada se o aprendizado acontecer, assim como o insucesso pode reforçar uma atitude negativa (Ellis, 1996, p. 347). Isso significa que uma atitude positiva por parte do aprendiz pode levar a bons resultados.

Mas não é só esse aspecto que conta. Pais e professores também devem ter atitudes positivas em relação ao sucesso do aluno. Pesquisas (Larsen-Freeman; Long, 1994, p. 179) indicam que a atitude, principalmente dos docentes, exerce uma influência muito grande no resultado da aquisição de L2.

Quanto à motivação, há dois tipos de motivação para a busca do aprendizado de uma L2: a **integrativa**, que leva uma pessoa a querer aprender um idioma para se integrar com uma comunidade que o fala, e a **instrumental**, que leva uma pessoa a estudar a língua por necessidades profissionais, educacionais, de *status* social ou outras.

Muitos também têm sido os estudos (Larsen-Freeman; Long, 1994, p. 175) para analisar o efeito desses dois tipos de motivação e, a exemplo de outros fatores, os resultados têm se mostrado controversos. Entretanto, um resultado que vale a pena comentar é que "a motivação não promove, necessariamente, a aquisição, mas sem dúvida resulta dela: aqueles que encontram o sucesso em ASL se tornam mais motivados para o estudo" (Larsen-Freeman; Long, 1994, p. 175).

Inteligência

Em estudos realizados (Lightbown; Spada, 1997, p. 36-37), a inteligência parece exercer certa influência no sucesso do aprendiz. Testes apontam para melhores resultados na leitura, na escrita, na gramática e na memorização de vocabulário em L2 por pessoas com quociente de inteligência (Q.I.) elevado. As habilidades orais, tanto de compreensão auditiva como de produção espontânea de fala, não parecem, no entanto, estar relacionadas à inteligência (Lightbown; Spada, 1997, p. 36-37).

Aptidão

Testes de aptidão em L2 têm investigado várias habilidades que podem resultar em sucesso no aprendizado de uma L2 (Lightbown; Spada, 1997, p. 38):

a. habilidade em identificar e memorizar novos sons;
b. habilidade em compreender como as sentenças se constroem;
c. habilidade para descobrir as regras gramaticais;
d. capacidade de memorização de palavras novas.

Embora esses fatores sejam considerados promotores de um bom aprendizado, os resultados das pesquisas não são conclusivos. Muitas vezes elementos não cognitivos, como a perseverança e alguns traços especiais de personalidade, podem ser mais poderosos que variáveis cognitivas, como inteligência e aptidão.

Personalidade

Traços de personalidade parecem exercer influência na ASL, embora seja difícil identificar e medir os resultados de seus efeitos. Muitas pesquisas (Lightbown; Spada, 1997, p. 38-39; Larsen-Freeman; Long, 1994, p. 184-192) têm sido realizadas para analisar características como: autoestima, timidez, ansiedade, capacidade de correr riscos, sensibilidade à rejeição, tolerância à ambiguidade.

Os resultados (Lightbown; Spada, 1997, p. 38-39; Larsen-Freeman; Long, 1994, p. 184-192) desses estudos indicam que alguns traços de personalidade realmente podem facilitar o aprendizado, mas é muito difícil traçar um perfil ideal para um aprendiz bem-sucedido. Provavelmente não é um traço qualquer de personalidade que vai facilitar o aprendizado; antes, é uma combinação de fatores que promoverá a aquisição (Lightbown; Spada, 1997, p. 39).

Idade

Não faltam na literatura de ASL resultados e comentários retirados de estudos (Lightbown; Spada, 1997, p. 41-50; Larsen-Freeman; Long, 1994, p. 154-167) sobre a influência da idade na aquisição. Embora esse seja um fator mais fácil de medir do que os mencionados anteriormente, os resultados nesse caso também têm sido controversos.

Muitas pesquisas (Lightbown; Spada, 1997, p. 41-50; Larsen-Freeman; Long, 1994, p. 154-167) estão sendo feitas tanto em ambiente de aquisição natural, como em comunidades de imigrantes, quanto em salas de aula de língua estrangeira, com aprendizes de várias idades. Em ambiente natural, as crianças costumam atingir a fluência de um nativo, enquanto seus pais raramente chegam a um alto nível de domínio da L2. Embora muitas vezes capazes de se comunicar plenamente na língua, o sotaque, a escolha de palavras, a estrutura das sentenças produzidas, geralmente, denunciam a origem do falante adulto.

Adolescentes e adultos, contudo, costumam ter mais sucesso em situações formais de sala de aula. O conhecimento das estruturas da própria língua e a capacidade de resolver problemas contribuem para o aprendizado formal.

Ainda que também em relação a esse fator os resultados sejam diversos, estes parecem levar a uma conclusão: adolescentes e adultos aprendem mais rapidamente, mas as crianças aprendem com mais qualidade. O mais importante é que todos, em qualquer idade, são capazes de chegar a um nível de comunicação em uma língua estrangeira.

Síntese

Precisamos admitir que a aquisição é um tema fascinante e tão abrangente que as poucas linhas deste capítulo não fazem jus ao que o tema merece. Mas repetimos: nossa intenção aqui é abrir o caminho para estudos mais esclarecedores. Não deixe de buscar, na bibliografia comentada, um aprofundamento maior no tema, principalmente se você for professor de línguas, pois, nesse caso, é seu dever procurar compreender, cada vez em níveis mais complexos, os processos pelos quais os alunos passam.

Indicação cultural

NELL. Direção: Michael Apted. EUA: 20th Century Fox, 1994. 113 min.

Esse é um filme muito interessante sobre aquisição de linguagem. A trama mostra a história fictícia de Nell, uma mulher que vive há 30 anos isolada em uma casa na floresta. Ela apresenta uma dicção estranha e fala um dialeto incompreensível – resultado de sua reclusão e da assimilação de traços da fala de sua falecida mãe, que havia sido vítima de derrame e estupro e era supostamente afásica. Assim, Nell torna-se motivo de controvérsia entre estudiosos que se envolvem em seu caso.

Atividades de autoavaliação

1. Assinale com V (verdadeiro) ou F (falso) as afirmações a seguir:
    ( ) A teoria behaviorista coloca o ambiente como fator preponderante no processo de aquisição de linguagem.

( ) Na visão de aquisição no modelo de princípios e parâmetros (P&P), a criança fixa as particularidades da língua que se fala ao seu redor.

( ) Para Piaget, a aquisição de linguagem não é diferente da aquisição de outros conhecimentos.

( ) De acordo com o conexionismo, a criança não precisa recorrer a regras simbólicas, pois o *input* lhe oferece os dados para captar a regularidade do sistema.

2. Considerando os fatores que influenciam a aquisição de segunda língua, assinale com V (verdadeiro) ou F (falso) as afirmações a seguir:

( ) Os estudos sobre motivação têm apontado para dois tipos de motivação ao aprendizado de uma segunda língua: a integrativa e a instrumental.

( ) Pesquisas têm demonstrado que adultos não conseguem aprender uma língua estrangeira tão bem quanto jovens e crianças.

( ) Aptidão, inteligência, traços de personalidade e atitude do aprendiz são fatores que, conforme pesquisas realizadas, nunca influenciam no sucesso ou no fracasso do aprendizado de uma segunda língua.

( ) As pesquisas mostram que crianças têm mais dificuldades para aprender a pronúncia de uma língua estrangeira do que adolescentes ou adultos.

3. De acordo com a teria de Krashen para aquisição de segunda língua, assinale com V (verdadeiro) ou F (falso) as afirmações a seguir:

( ) Na hipótese de aquisição-aprendizagem, uma segunda língua pode ser adquirida em um ambiente natural, como acontece com a língua materna, ou ser aprendida em ambiente formal.

( ) A teoria tem sido alvo de muitas críticas por não oferecer os padrões mínimos necessários para uma pesquisa realmente científica.

( ) Na hipótese do *input*, a aquisição acontece na medida em que o *input* contenha apenas estruturas e mensagens conhecidas pelo aprendiz.

( ) Conforme a hipótese do filtro afetivo, quanto mais tenso estiver o aprendiz, mais efetivo será seu aprendizado.

4. Assinale a afirmação correta:

   a) O behaviorismo foi muito combatido como pressuposto teórico para a explicação de aquisição de L1, mas seus defensores continuam até os dias de hoje com fortes argumentos para o aprendizado de L2.

   b) Krashen se inspirou no conceito de zona de desenvolvimento proximal, de Vygotsky, para desenvolver uma de suas hipóteses para aquisição de L2.

   c) Segundo outra das hipóteses de Krashen, cada pessoa vai desenvolver uma ordem de aquisição na L2, dependendo de seu conhecimento de mundo e de sua capacidade de enfrentar situações de ansiedade.

   d) Com a motivação instrumental, o aprendiz de uma L2 vê no aprendizado uma forma de se integrar ao grupo de falantes daquela língua.

5. Marque a opção **incorreta**:

   a) As pesquisas sobre a influência de traços de personalidade no aprendizado de uma segunda língua revelam que nenhum dos fatores em estudo – autoestima, timidez, ansiedade etc. – facilitam ou dificultam a aquisição.

   b) Noam Chomsky derrubou os alicerces da teoria behaviorista ao apresentar, com argumentos muito convincentes, suas ideias sobre o inatismo.

   c) Piaget foi criticado por outros construtivistas, os sociais, por não ter considerado o papel da interação com o adulto no processo de aquisição de linguagem pela criança.

   d) Para Pinker, falar para o homem é tão natural e exclusivo como é para a abelha fazer mel.

Atividades de aprendizagem

Questões para reflexão

1. Muitas pessoas estudam uma língua estrangeira durante anos. Aprendem bem a gramática, memorizam um bom vocabulário, mas não são capazes de se comunicar. Explique esse fato de acordo com as hipóteses de Krashen.
2. Pense no seu aprendizado de língua estrangeira. Quais fatores abordados neste capítulo você acha que exerceram alguma influência nos seus possíveis sucessos e fracassos?

Atividade aplicada: prática

1. Lembra-se das atividades de análise de livros didáticos que você desenvolveu depois de estudar a primeira parte deste livro e o Capítulo 4? Pois bem, vamos analisar novamente aqueles livros, mas agora com um olhar voltado às teorias de aquisição. Você consegue, pela observação das atividades, perceber a influência de alguma ideia relacionada às correntes teóricas estudadas aqui? Se os livros forem de língua estrangeira, existe alguma preocupação com questões extralinguísticas, como afetividade, motivação e estilo de aprendizagem? Escreva um texto sobre sua análise a respeito desses aspectos.

Considerações finais

> A linguagem e a série de conceitos que ela traduz é nossa dimensão da tradução do mundo. Podemos dizer que quanto maior o domínio das formas de linguagem, quanto mais conceitos e compreensões (que se transformam em pré-compreensões que carregamos sempre conosco) incorporarmos ao nosso universo pessoal, mais do mundo nos será revelado.
> (José Luiz Quadros de Magalhães, 2004)

E assim concluímos este texto, que teve, na primeira parte, o destaque de uma personagem: a língua. Com a ajuda da morfologia, da sintaxe, da fonologia (e da fonética) e da semântica, buscamos oferecer os elementos para a dissecação desse "órgão" de que os seres humanos são dotados. Na segunda parte, mudamos a personagem principal, que passou a ser o falante. Tentamos oferecer a você uma visão geral da linguística textual, da pragmática e da sociolinguística; passamos pela análise do discurso, pela neurolinguística e pela psicolinguística, e aí nos detivemos um pouco mais para abordar a aquisição da linguagem.

Agora que chegamos ao final do nosso caminho pelas trilhas da linguística, esperamos ter contribuído para facilitar os novos caminhos que você tenha de trilhar. Esperamos, mesmo que levemente, ter transformado algumas de suas pré-compreensões, para que novas revelações se apresentem adiante.

Como professoras de línguas, acreditamos que, quanto mais conhecermos a linguagem e os processos de aquisição, melhores professores seremos. Da mesma forma, quanto mais correntes teóricas conhecermos, mais capacitados estaremos para compreender as dificuldades de nossos alunos e analisar nossas condições de trabalho. Quanto aos que não são professores, mas de algum modo se mostram interessados nos caminhos da linguagem, com certeza, conhecendo essas teorias, mais informações terão incorporado ao seu universo pessoal. Boas revelações a todos!

Glossário

Afasia: termo geral usado para referir-se a um grupo de transtornos produzidos por trauma ou lesão cerebral depois da aquisição da linguagem.

Anomia: dificuldade de selecionar ou evocar palavras.

Afixos: formas presas que se agregam à raiz, modificando, geralmente, sua significação básica.

Agente: nos estudos semânticos, é aquele que pratica a ação.

Alofone: som próprio da pronúncia de um fonema que

pode variar de acordo com a posição na palavra ou na sílaba e em relação aos outros sons vizinhos.

Arbitrariedade: ausência de qualquer conexão necessária entre a forma de uma palavra e seu significado.

Argumento: cada um dos sintagmas nominais exigidos pelo verbo.

Behaviorismo: umas das escolas psicológicas; fundamenta-se na crença de que a psicologia deve recorrer somente a fenômenos observáveis e mensuráveis para pesquisar processos mentais e psicológicos.

Coda: consoante ou consoantes em posição pós-nuclear dentro de uma sílaba, ou seja, vem após a vogal nuclear; em conjunto com o núcleo, forma a rima. A coda não é um elemento necessário à sílaba.

Coerência: grau em que um determinado trecho de texto/discurso faz sentido.

Coesão: presença de mecanismos linguísticos explícitos no texto que servem para fazer conexões na superfície textual. Um exemplo desses mecanismos são as anáforas e os conectivos lógicos.

Consoante: som da fala produzido por uma obstrução significativa do fluxo de ar no trato vocal.

Dêiticos: o termo *dêixis* significa "apontar por meios linguísticos". Os falantes usam a dêixis sempre que empregam palavras ou expressões como *aqui, lá, este, aquele, em dois dias, eu, você*. Essas palavras, então, são exemplos de dêiticos.

Dicotomia: ato ou efeito de separar em duas partes.

Estrutura: determinado padrão disponível numa língua para a construção de uma unidade linguística. Assim, os fonemas se combinam para formar morfemas, os morfemas se combinam para formar palavras, as palavras se combinam formando sintagmas.

Fone: cada segmento vocálico ou consonantal que representa um som da fala a ser transcrito. O fone é a unidade básica de estudo da fonética.

Fonema: cada uma das unidades sonoras básicas de uma língua.

Monema: unidade mínima de significação, podendo ser um radical primário, um afixo, uma desinência. Segundo Martinet (1991), é a unidade mínima da primeira articulação, ou morfologia.

Paciente: na análise semântica de uma sentença, é a entidade que sofre a ação.

Paradigma: é o conjunto de elementos similares que se associam na memória, formando conjuntos.

Parafasia: substituições ou trocas inesperadas e incompreensíveis de palavras inteiras ou partes de palavras.

Predicado: parte da sentença que sobra quando se exclui o sujeito.

Proposição: termo usado na semântica formal para descrever o conteúdo daquilo que se diz em termos de verdadeiro ou falso. As proposições são normalmente consideradas como o conteúdo de crenças e outros pensamentos representativos. Muitos filósofos e linguistas alegam que esse termo é muito vago e defendem que ele seja substituído pelo termo *sentença*. De fato, este último está bastante difundido nos estudos semânticos.

Racionalismo: corrente filosófica que deu início à noção de raciocínio, que é a operação mental, discursiva e lógica. A partir de uma ou mais proposições, conclui-se se uma ou outra proposição é verdadeira, falsa ou provável. Essa era a ideia central comum ao conjunto de doutrinas conhecidas tradicionalmente como *racionalismo*.

Semiótica/semiologia: atualmente, as formas *semiótica* e *semiologia* têm sido usadas como sinônimas. Porém, a semiótica tem seus fundamentos nos estudos do filósofo americano Charles Peirce, enquanto o termo *semiologia* foi difundido por Ferdinand de Saussure.

Semivogais: vogais com características consonânticas que permitem formar um ditongo, antepondo-se ou pospondo-se a outra vogal. As semivogais do português são /i/ e /u/, como em *séria*, *tábua*, *pai* e *rei*. É o mesmo que *semiconsoante*. No alfabeto fonético internacional (AFI), os símbolos são /j/ e /w/.

Sentença: maior unidade estritamente gramatical numa língua, cuja coesão resulta de regras gramaticais rígidas.

Sintagma: unidade gramatical que é menor do que uma sentença. Equivale ao termo *phrase*, do inglês.

Sintagma nominal: constituinte frasal mínimo composto por um núcleo substantivo obrigatório e modificado por determinantes e adjetivos.

Sistema: conjunto de possibilidades alternativas numa língua, juntamente com as regras que permitem escolher entre elas.

Traços distintivos: cada um dos diferentes elementos fonológicos mínimos que compõem os sons da fala ou fonemas.

Variante: na sociolinguística, corresponde às diferentes formas de dizer a mesma coisa.

Variável: conjunto de duas ou mais variantes.

Vogal: qualquer som da fala produzido sem obstrução do fluxo de ar.

Referências

ALKMIM, T. M. Sociolinguística. In: MUSSALIM, F.; BENTES, A. C. **Introdução à linguística 1**: domínios e fronteiras. 3. ed. São Paulo: Cortez, 2003. p. 21-47.

ANULA REBOLLO, A. **El abecé de la psicolingüística**. Madrid: Arco Libros, 1998.

ARMENGAUD, F. **A pragmática**. São Paulo: Parábola, 2006.

AUGUSTO, M. R. A.; BERLINCK, R. A.; SCHER, A. P. Sintaxe. In: MUSSALIM, F.; BENTES, A. C. **Introdução à linguística 1**: domínios e fronteiras. 3. ed. São Paulo: Cortez, 2003. p. 207-244.

AUSTIN, J. L. **How to Do Things with Words**. Oxford: Oxford University Press, 1962.

AUSTIN, J. L. **Quando dizer é fazer**: palavras e ações. Porto Alegre: Artmed, 1990.

AUTHIER-REVUZ, J. Hétérogénéité montrée et hétérogénéité constitutive: éléments pour une approche de l'autre dans le discours. **DRLAV**, n. 26, p. 91-151, 1982.

AZUMA, S. O. As estratégias de atos diretivos no ambiente corporativo na língua portuguesa falada na região de Curitiba e na língua japonesa falada por expatriados. 166 f. Dissertação (Mestrado em Estudos Linguísticos) – Universidade Federal do Paraná, Curitiba, 2014. Disponível em: <http://dspace.c3sl.ufpr.br:8080/dspace/bitstream/handle/1884/36147/R%20-%20D%20-%20SATOMI%20OISHI%20AZUMA.pdf>. Acesso em: 4 maio 2015.

BAAYEN, R. H. Probabilistic Approaches to Morphology. In: BOD, R.; HAY, J.; JANNEDY, S. **Probabilistic Linguistics**. Cambridge: MIT Press, 2003. p. 229-287.

BARBISAN, L. B. Semântica argumentativa. In: FERRAREZI JUNIOR, C.; BASSO, R. (Org.). **Semântica, semânticas**: uma introdução. São Paulo: Contexto, 2013. p. 19-30.

BARROS, D. L. P. de. Contribuições de Bakhtin às teorias do texto e do discurso. In: FARACO, C. A.; TEZZA, C.; CASTRO, G. **Diálogos com Bakhtin**. 4. ed. Curitiba: Ed. da UFPR, 2007. p. 21-38.

BASÍLIO, M. **Teoria lexical**. São Paulo: Ática, 2003.

BEAUGRANDE, R.; DRESSLER, W. U. **Einführng in die Textlinguistik**. Tübingen: Niemeyer, 1981.

BECHARA, E. Imexível não exige imexer. **Idioma**, Rio de Janeiro, n. 18, p. 45-46, 2. sem. 1996. Disponível em: <http://www.instituto deletras.uerj.br/idioma/numeros/18/idioma18_a04.pdf>. Acesso em: 22 jul. 2015.

BELINE, R. A variação linguística. In: FIORIN, J. L. (Org.). **Introdução à linguística 1**: objetos teóricos. São Paulo: Contexto, 2005. p. 121-140.

BELINTANE, C. Piaget e a linguagem: limites de uma teoria. In: PINTO, M. C. (Org.). **Memórias da pedagogia**: Piaget. 69. ed. Rio de Janeiro: Ediouro; São Paulo: Duetto, 2005a. p. 68-75.

BELINTANE, C. Vygotsky: um contínuo vai-e-vem. In: PINTO, M. C. (Org.). **Memórias da pedagogia**: Vygotsky. Rio de Janeiro: Ediouro; São Paulo: Duetto, 2005b. p. 50-57. v. 2.

BENTES, A. C. Linguística textual. In: MUSSALIM, F.; BENTES, A. C. **Introdução à linguística 1**: domínios e fronteiras. 3. ed. São Paulo: Cortez, 2003. p. 245-285.

BLOOMFIELD, L. **Language**. New York: Holt, Reinhart & Winston, 1933.

BLUM-KULKA, S.; HOUSE, J.; KASPER, G. (Ed.). **Cross-Cultural Pragmatics**: Requests and Apologies. Norwood: Ablex Publishing Corporation, 1989.

BOD, R.; HAY, J.; JANNEDY, S. **Probabilistic Linguistics**. Cambridge: MIT Press, 2003.

BORGES NETO, J. **Ensaios de filosofia da linguística**. São Paulo: Parábola, 2004.

BORGES NETO, J. O empreendimento gerativo. In: MUSSALIM, F.; BENTES, A. C. **Introdução à linguística 3**: fundamentos epistemológicos. 2. ed. São Paulo: Cortez, 2005. p. 93-129.

BORTONI-RICARDO, S. M. **Educação em língua materna**: a sociolinguística na sala de aula. São Paulo: Parábola, 2004.

BRANDÃO, H. N. Introdução à análise do discurso. 2. ed. São Paulo: Ed. da Unicamp, 2004.

BRASIL. Ministério da Educação. Secretaria da Educação Básica. **Orientações Curriculares Nacionais para o Ensino Médio**: Linguagem, Código e suas Tecnologias. Brasília, DF, 2006. v. 1.

BRAWERMAN-ALBINI, A.; GOMES, M. L. C. Aquisição de inglês como segunda língua: perspectivas teóricas para o ensino de pronúncia. In: BRAWERMAN-ALBINI, A.; GOMES, M. L. C. (Org.). **O jeitinho brasileiro de falar inglês**: pesquisas sobre a pronúncia do inglês por falantes brasileiros. Campinas: Pontes, 2014. p. 19-32.

BROWN, P.; LEVINSON, S. **Politeness**: Some Universals in Language Usage. Cambridge: Cambridge University Press, 1987 [1978].

BYBEE, J. **Phonology and Language Use**. Cambridge: Cambridge University Press, 2001.

CÂMARA JÚNIOR, J. M. **Estrutura da língua portuguesa**. 35. ed. Petrópolis: Vozes, 1970.

CANÇADO, M. **Manual de semântica**: noções básicas e exercícios. São Paulo: Contexto, 2012.

CAREL, M.; DUCROT, O. **La semántica argumentativa**: una introducción a la teoría de los bloques semánticos. Buenos Aires: Colihue, 2005.

CARVALHO, C. de. **Para compreender Saussure**. Petrópolis: Vozes, 2003.

CAVALIERE, R. **Pontos essenciais em fonética e fonologia**. Rio de Janeiro: Lucerna, 2005.

CHOMSKY, N. **Linguagem e mente**: pensamentos atuais sobre antigos problemas. Brasília: Ed. da UnB, 1998.

CHOMSKY, N. **Novos horizontes no estudo da linguagem e da mente**. São Paulo: Ed. da Unesp, 2005.

CHOMSKY, N. **Syntactic Structures**. The Hague: Mouton, 1957.

CHOMSKY, N.; HALLE, M. **The Sound Pattern of English**. New York: Harper, 1968.

CORDER, S. P. **Error Analysis and Interlanguage**. New York: Oxford University Press, 1981.

COSERIU, E. **Teoria del lenguaje y linguística general**. 3. ed. Madrid: Gredos, 1973.

COUTINHO, A. Schématisation (discursive) et disposition (textuelle). In: ADAM, J. M.; GRIZE, J. B.; BOUACHA, M. A. (Org.). **Texte et discours**: categories pour l'analyse. Dijon: Editions Universitaires de Dijon, 2004. p. 29-42.

DE BOT, K.; LOWIE, W.; VERSPOOR, M. A Dynamic Systems Theory Approach to Second Language Acquisition. **Bilingualism: Language and Cognition**, v. 10, n. 1, p. 7-21, 2007. Disponível em: <http://www.rug.nl/staff/c.l.j.de.bot/debotetal2007-bilingualism.pdf>. Acesso em: 22 jul. 2015.

DIAS, L. S. **Estratégias de polidez linguística na formulação de pedidos e ordens contextualizados**: um estudo contrastivo entre o português curitibano e o espanhol montevideano. 224 f. Tese (Doutorado em Estudos Linguísticos) – Universidade Federal do Paraná, Curitiba, 2010. Disponível em: <http://dspace.c3sl.ufpr.br/dspace/bitstream/handle/1884/24943/TESE_EST.PDF>. Acesso em: 4 maio 2015.

DIAS, M. C. P. Cognição e modelos computacionais: duas abordagens. **Veredas** – Revista de Estudos Linguísticos, v. 4, n. 1, p. 31-41, 2009.

DUCROT, O. **O dizer e o dito**. Tradução de Eduardo Guimarães. Campinas: Pontes, 1987.

ELLIS, R. **The Study of Second Language Acquisition**. New York: Oxford University Press, 1996.

FARACO, C. A. Estudos pré-saussurianos. In: MUSSALIM, F.; BENTES, A. C. **Introdução à linguística 3**: fundamentos epistemológicos. 2. ed. São Paulo: Cortez, 2005. p. 27-52.

FERNÁNDEZ JAÉN, J. Lenguaje, cuerpo y mente: claves de la psicolingüística. **Per Abbat**: Boletín filológico de actualización académica y didáctica, n. 3, p. 39-71, 2007.

FIORIN, J. L. (Org.). **Introdução à linguística 1**: objetos teóricos. 5. ed. São Paulo: Contexto, 2006.

FIORIN, J. L. **Introdução à linguística 2**: princípios de análise. 4. ed. São Paulo: Contexto, 2005.

FIORIN, J. L. A linguagem em uso. In: FIORIN, J. L. (Org.). **Introdução à linguística 1**: objetos teóricos. 5. ed. São Paulo: Contexto, 2006. p. 165-186.

FREGE, G. **Lógica e filosofia da linguagem**. São Paulo: Cultrix, 1978.

GODOI, E. Las estrategias pragmáticas de atenuación e imposición en algunas variantes de español y portugués. In: CONGRESO LATINOAMERICANO DE ESTUDIOS DEL DISCURSO – ALED, 7., 2007, Bogotá. **Anais...** Bogotá: Aled, 2007.

GOFFMAN, E. **Interaction Ritual**: Essays on Face-to-Face Behavior. New York: Doubleday Anchor, 1967.

GOMES, M. L. C. **A produção de palavras com o morfema ED por falantes brasileiros de inglês**: uma visão dinâmica. 120 f. Tese (Doutorado em Letras) – Universidade Federal do Paraná, Curitiba, 2009. Disponível em: <http://dspace.c3sl.ufpr.br:8080/dspace/bitstream/handle/1884/19779/TESE%20VERSAO%20FINAL%20POS%20BANCA.pdf>. Acesso em: 4 maio 2015.

GRICE, H. P. Lógica e conversação. In: DASCAL, M. **Fundamentos metodológicos da linguística**: problemas, críticas, perspectivas da linguística. São Paulo: Ed. da Unicamp, 1982. p. 81-103. v. 4.

HEINEMANN, W.; VIEHWEGER, D. **Textlinguistik**: eine Einführung. Tübingen: Niemeyer, 1991.

HOLMES, J. **Women, Men and Politeness**. New York: Longman, 1995.

ILARI, R. O estruturalismo linguístico: alguns caminhos. In: MUSSALIM, F.; BENTES, A. C. **Introdução à linguística 3**: fundamentos epistemológicos. 2. ed. São Paulo: Cortez, 2005. p. 53-92.

INDURSKY, F. O texto nos estudos da linguagem: especificidades e limites. In: ORLANDI, E. P.; LAGAZZI-RODRIGUES, S. **Introdução às ciências da linguagem**: discurso e textualidade. São Paulo: Pontes, 2006. p. 33-80.

JAKOBSON, R. **Linguística e comunicação**. São Paulo: Cultrix, 1969.

JAKOBSON, R.; HALLE, M. **Fundamentals of Language**. The Hague: Mouton, 1956.

JAKOBSON, R.; HALLE, M.; FANT, G. **Preliminaires to Speech Analysis**. Cambridge: MIT Press, 1952.

JORDÃO, C. M. O ensino de línguas estrangeiras: de código a discurso. In: BONI, V. V. **Tendências contemporâneas sobre o ensino de línguas**. União da Vitória: Kaygangue, 2005. p. 26-32.

KATO, M. Formas de funcionalismo na sintaxe. **DELTA**, São Paulo, v. 14, n. spe, 1998. Disponível em: <http://www.scielo.br/scielo.php?script=sci_arttext&pid=S0102-44501998000300011&lng=pt&nrm=iso>. Acesso em: 24 abr. 2015.

KERBRAT-ORECCHIONI, C. **Análise da conversação**: princípios e métodos. Tradução de Carlos Piovezani Filho. São Paulo: Parábola, 2006.

KOCH, I. G. V. **A inter-ação pela linguagem**. 9. ed. São Paulo: Contexto, 2004a.

KOCH, I. G. V. **Introdução à linguística textual**. São Paulo: M. Fontes, 2004b.

KOCH, I. G. V. **O texto e a construção dos sentidos**. 6. ed. São Paulo: Contexto, 2002.

KRASHEN, S. **Principles and Practice in Second Language Learning and Acquisition**. Oxford: Pergamon Press, 1982.

LAKOFF, G.; JOHNSON, M. **Metaphors We Live by**. Chicago: The University of Chicago Press, 1980.

LARSEN-FREEMAN, D. Chaos/Complexity Science and SLA. **Applied Linguistics**, v. 18, n. 2, 1997.

LARSEN-FREEMAN, D.; LONG, M. H. **An Introduction to Second Language Acquisition Research**. London: Longman, 1994.

LESSA-DE-OLIVEIRA, A. S. C. Libras escrita: o desafio de representar uma língua tridimensional por um sistema de escrita linear. **ReVEL**, v. 10, n. 9, 2012. Disponível em: <http://www.revel.inf.br/files/45660 06ab74ecff8dc54d92e9649eb86.pdf>. Acesso em: 24 abr. 2015.

LIGHTBOWN, P. M.; SPADA, N. **How Languages are Learned**. New York: Oxford University Press, 1997.

LORITZ, D. **How the Brain Evolved Language**. New York: Oxford University Press, 1999.

MAGALHÃES, J. L. Q. de. A autopoiesis como condição humana. 2004. Disponível em: <http://jus.com.br/artigos/5897/a-autopoiesis-como-condicao-humana>. Acesso em: 27 abr. 2015.

MANNING, C. D. Probabilistic Syntax. In: BOD, R.; HAY, J.; JANNEDY, S. Probabilistic Linguistics. Cambridge: MIT Press, 2003. p. 289-341.

MARCUSCHI, L. A. Produção textual, análise de gêneros e compreensão. São Paulo: Parábola, 2008.

MARCUSCHI, L. A.; SALOMÃO, M. M. M. Introdução. In: MUSSALIM, F.; BENTES, A. C. Introdução à lingüística 3: fundamentos epistemológicos. 2. ed. São Paulo: Cortez, 2005. p. 13-26.

MARTINET, A. Elementos de linguística geral. 8. ed. Trad. de Jorge Morais-Barbosa. São Paulo: M. Fontes, 1991.

MIOTO, C.; SILVA, M. C. F.; LOPES, R. E. V. Manual de sintaxe. Florianópolis: Insular, 2000.

MORATO, E. Neurolinguística. In: MUSSALIM, F.; BENTES, A. C. Introdução à linguística 2: domínios e fronteiras. 3. ed. São Paulo: Cortez, 2003. p. 143-170.

MORI, A. C. Fonologia. In: MUSSALIM, F.; BENTES, A. C. Introdução à linguística 1: domínios e fronteiras. 3. ed. São Paulo: Cortez, 2003. p. 147-179.

MOURA, H. M. M. Significação e contexto: uma introdução a questões de semântica e pragmática. Florianópolis: Insular, 2000.

MUSSALIM, F.; BENTES, A. C. **Introdução à linguística 1**: domínios e fronteiras. São Paulo: Cortez, 2001a.

MUSSALIM, F.; BENTES, A. C. **Introdução à linguística 2**: domínios e fronteiras. São Paulo: Cortez, 2001b.

MUSSALIM, F.; BENTES, A. C. **Introdução à linguística 3**: fundamentos epistemológicos. 2. ed. São Paulo: Cortez, 2005.

NEGRÃO, E. V.; SCHER, A. P.; VIOTTI, E. C. Sintaxe: explorando a estrutura da sentença. In: FIORIN, J. L. (Org.). **Introdução à linguística 2**: princípios de análise. São Paulo: Contexto, 2005. p. 82-109.

OLIVEIRA, R. P. de. Semântica. In: MUSSALIM, F.; BENTES, A. C. **Introdução à linguística 2**: domínios e fronteiras. 3. ed. São Paulo: Cortez, 2003. p. 17-46.

OLIVEIRA, R. P. **Semântica formal**: uma breve introdução. Campinas: Mercado de Letras, 2001.

ORDOÑEZ, S. G. **De semántica y pragmática**. Madrid: Arco Libros, 2002.

ORLANDI, E. P. **Análise do discurso**: princípios e procedimentos. 5. ed. Campinas: Pontes, 2003.

ORLANDI, E. P.Análise do discurso. In: ORLANDI, E. P.; LAGAZZI-RODRIGUES, S. **Introdução às ciências da linguagem**: discurso e textualidade. São Paulo: Pontes, 2006. p. 11-31.

PAIVA, V. L. M. O. Modelo fractal de aquisição de línguas In: BRUNO, F. C. (Org.). **Reflexão e prática em ensino/aprendizagem de língua** estrangeira. São Paulo: Clara Luz, 2005. p. 23-36. Disponível em: <http://www.veramenezes.com/modelo.htm>. Acesso em: 24 abr. 2015.

PÊCHEUX, M. Analyse automatique du discours. Paris: Dunod, 1969.

PERINI, M. A. Gramática descritiva do português. 4. ed. São Paulo: Ática, 2001.

PETTER, M. M. T. Morfologia. In: FIORIN, J. L. (Org.). Introdução à linguística 2: princípios de análise. São Paulo: Contexto, 2005. p. 59-79.

PEZATTI, E. G. O funcionalismo em linguística. In: MUSSALIM, F.; BENTES, A. C. Introdução à linguística 3: fundamentos epistemológicos. 2. ed. São Paulo: Cortez, 2005. p. 165-218.

PIAGET, J. A epistemologia genética. São Paulo: Abril Cultural, 1978. (Coleção Os Pensadores).

PIERREHUMBERT, J. B. Exemplar Dynamics: Word Frequency, Lenition and Contrast. In: BYBEE, J.; HOPPER, P. (Ed.). **Frequency Effects and the Emergence of Linguistic Structure**. Amsterdam: John Benjamins, 2001a. p. 137-157.

PIERREHUMBERT, J. B. Phonetic Diversity, Statistical Learning, and Acquisition of Phonology. **Language and Speech**, v. 46, n. 2-3, p. 115-154, 2003.

PIERREHUMBERT, J. B. Stochastic Phonology. **Glot International**, v. 5, n. 6, p. 195-207, 2001b.

PIERREHUMBERT, J. B. What People Know About Sounds of Languages. **Studies in the Linguistic Sciences**, Urbana-Champaign, v. 29, n. 2, p. 111-120, 2000.

PIETROFORTE, A. V. A língua como objeto da linguística. In: MUSSALIM, F.; BENTES, A. C. **Introdução à linguística 3**: fundamentos epistemológicos. 2. ed. São Paulo: Cortez, 2005. p. 75-93.

PIKE, K. **Phonemics**: a Technique for Reducing Languages to Writing. Ann Arbor: University of Michigan Press, 1947.

PINKER, S. **The Language Instinct**. New York: Perennial, 2000a.

PINKER, S. **Words and Rules**: the Ingredients of Language. New York: Perennial, 2000b.

POSSENTI, S. **Por que (não) ensinar gramática na escola**. Campinas: Mercado de Letras, 1996.

POSSENTI, S. Teoria do discurso: um caso de múltiplas rupturas. In: MUSSALIM, F.; BENTES, A. C. **Introdução à linguística 3**: fundamentos epistemológicos. 2. ed. São Paulo: Cortez, 2005. p. 353-392.

REYES, G. **El abecé de la pragmática**. 6. ed. Madrid: Arco Libros, 2003.

SANDALO, M. F. S. Morfologia. In: MUSSALIM, F.; BENTES, A. C. **Introdução à linguística 1**: domínios e fronteiras. São Paulo: Cortez, 2001. p. 181- 206.

SAUSSURE, F. **Curso de linguística geral**. 20. ed. São Paulo: Cultrix, 1997.

SCARPA, E. M. Aquisição de linguagem. In: MUSSALIM, F.; BENTES, A. C. **Introdução à linguística 2**: domínios e fronteiras. 3. ed. São Paulo: Cortez, 2003. p. 203-232.

SEARLE, J. R. Indirect Speech Acts. In: COLE, P.; MORGAN, J. **Syntax and Semantics**. New York: Academic Press, 1975. p. 59-82. v. 3.

SEARLE, J. R. **Os atos de fala**: um ensaio de filosofia da linguagem. Coimbra: Livraria Almedina, 1981 [1969].

SELINKER, L. Interlanguage. **International Review of Applied Linguistics**, v. 10, p. 209-231, 1972.

SELKIRK, E. The Syllable. In: HULST, H.; SMITH, N. (Ed.). **The Structure of Phonological Representations**. (Part II). Dordrecht: Foris, 1982. p. 337-383.

SILVA, E. L. da. O advento da morfologia distribuída. **ReVEL**, v. 8, n. 14, 2010. Disponível em: <http://www.revel.inf.br/files/artigos/revel_14_o_advento_da_morfologia_distribuida.pdf>. Acesso em: 24 abr. 2015.

SILVA, T. C. **Fonética e fonologia do português**. 7. ed. São Paulo: Contexto, 2003.

SKINNER, B. F. **Verbal Behavior**. New York: Appleton-Century-Crofts, 1957.

SPENCER-OATEY, H. Face, (Im)politeness and Rapport. In: SPENCER-OATEY, H. (Ed.). **Culturally Speaking**: Culture, Communication and Politeness Theory. London: Continuum, 2008. p. 11-47.

SPERBER, D.; WILSON, D. **Relevance**: Communication and Cognition. 2. ed. Oxford: Blackwell, 1995.

TANNEN, D. **You Just Don't Understand**: Women and Men in Conversation. New York: William Morrow, 1990.

TARALLO, F. **A pesquisa sociolinguística**. 5. ed. São Paulo: Ática, 1997.

THE MENTAL LEXICON. 2006. Disponível em: <http://mental.lexicon.ling.ualberta.ca/project.html>. Acesso em: 24 abr. 2015.

TRAVAGLIA, L. C. **Gramática e interação**: uma proposta para o ensino de gramática no 1º e 2º graus. 2. ed. São Paulo: Cortez, 1997.

TRASK, R. L. **Dicionário de linguagem e linguística**. São Paulo: Contexto, 2004.

VAN DIJK, T. A.; KINTSCH, W. **Strategies of Discourse Comprehension**. New York: Academic Press, 1983.

VIGOTSKI, L. S. **Pensamento e linguagem**. São Paulo: M. Fontes, 1998.

WEEDWOOD, B. **História concisa da linguística**. São Paulo: Parábola, 2002.

WILLIAMS, M.; BURDEN, R. L. **Psychology for Language Teachers**: a Social Constructivist Approach. Cambridge: Cambridge University Press, 1997.

Bibliografia comentada

MUSSALIM, F.; BENTES, A. C. **Introdução à linguística 1**: domínios e fronteiras. 3. ed. São Paulo: Cortez, 2003a.

MUSSALIM, F.; BENTES, A. C. **Introdução à linguística 2**: domínios e fronteiras. 3. ed. São Paulo: Cortez, 2003b.

MUSSALIM, F.; BENTES, A. C. **Introdução à linguística 3**: fundamentos epistemológicos. 2. ed. São Paulo: Cortez, 2005.

Esses três volumes, compostos de artigos escritos por vários autores, cada qual em sua área de especialidade, são textos obrigatórios para todo iniciante na área da linguística. Cada capítulo trata de algum dos temas que abordamos ao longo deste livro.

Além desses três volumes, recomendamos alguns outros sobre temas específicos a cada capítulo.

Capítulo 1

BORGES NETO, J. **Ensaios de filosofia da linguística**. São Paulo: Parábola, 2004.

> *Nesse livro, Borges reúne oito textos, alguns em parceria com outros autores, em que discute questões sobre o objeto da linguística, a interdisciplinaridade e as filiações dessa ciência.*

WEEDWOOD, B. **História concisa da linguística**. São Paulo: Parábola, 2002.

> *Nesse pequeno livro, a autora nos apresenta um histórico resumido, mas abrangente da linguística, que nos auxilia a situar as correntes teóricas nos devidos momentos da história.*

Capítulo 2

Para aprofundamento na teoria saussuriana, sugerimos:

SAUSSURE, F. de. **Curso de linguística geral**. 20. ed. São Paulo: Cultrix, 1997.

> *Sempre é bom ir direto à fonte, não é mesmo? O Curso continua sendo leitura obrigatória para todos que quiserem entrar nos estudos linguísticos "pra valer".*

Capítulo 3

Sugerimos os volumes indicados no início desta bibliografia.

Capítulo 4

KOCH, I. G. V. **O texto e a construção dos sentidos**. 6. ed. São Paulo: Contexto, 2002.

A partir das definições propostas por diferentes autores, Koch busca cercar as propriedades definidoras do texto, apontando as relações entre texto, intertextualidade e polifonia.

MOURA, H. M. M. **Significação e contexto**: uma introdução a questões de semântica e pragmática. Florianópolis: Insular, 2000.

O autor procura definir os limites entre a semântica e a pragmática a partir da noção de contexto.

INDURSKY, F. O texto nos estudos da linguagem: especificidades e limites. In: ORLANDI, E. P.; LAGAZZI-RODRIGUES, S. **Introdução às ciências da linguagem**: discurso e textualidade. São Paulo: Pontes, 2006. p. 33-80.

Nesse capítulo, a autora apresenta uma análise da categoria texto a partir de diferentes perspectivas teóricas, incluindo a linguística textual e a análise do discurso.

Capítulo 5

BORTONI-RICARDO, S. M. **Educação em língua materna**: a sociolinguística na sala de aula. São Paulo: Parábola, 2004.

Esse é um texto indispensável para o professor de língua materna. Em um tom informal e bastante didático, apresenta discussões que vão desde o tema da variação linguística em sala de aula até a questão da competência comunicativa.

Capítulo 6

Se você lê em inglês, dois livros excelentes são:

LARSEN-FREEMAN, D.; LONG, M. H. **An Introduction to Second Language Acquisition Research.** London: Longman, 1994.

Essa obra, bastante teórica, trata das principais pesquisas sobre aquisição de segunda língua.

LIGHTBOWN, P. M.; SPADA, N. **How Languages are Learned.** New York: Oxford University Press, 1997.

De linguagem bem mais acessível, esse livro aborda as teorias de aquisição de primeira e segunda línguas.

CHOMSKY, N. **Linguagem e mente**: pensamentos atuais sobre antigos problemas. Brasília: Ed. da. UnB, 1998.

Geralmente a leitura dos livros de Chomsky não é fácil. Esse, porém, é a tradução de duas palestras proferidas por ele em sua visita ao Brasil em novembro de 1996. Nas palestras e nas discussões ao final, Chomsky apresenta o estágio em que se encontram as pesquisas linguísticas. A linguagem, talvez por sua origem em uma exposição oral, é bem mais acessível que em outras obras do autor.

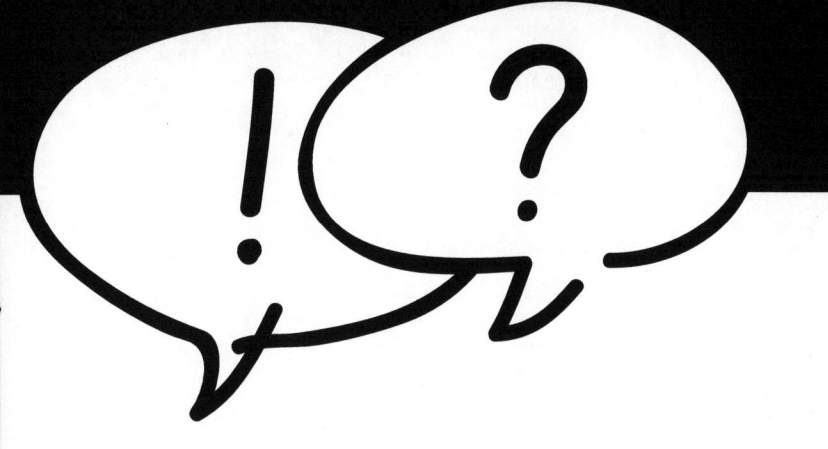

Gabarito

Capítulo 1

Atividades de autoavaliação

1. V, F, V, V
2. V, V, V, F
3. V, F, F, V
4. c
5. d

Capítulo 2

Atividades de autoavaliação

1. F, V, F, F
2. F, V, V, V
3. a
4. c
5. c

Capítulo 3

Atividades de autoavaliação

1. F, F, F, V
2. V, F, V, F
3. V, F, V, F
4. c
5. b

Capítulo 4

Atividades de autoavaliação

1. F, V, F, F
2. F, V, F, V
3. V, V, F, V
4. d
5. b

Capítulo 5

Atividades de autoavaliação

1. V, F, V, F
2. V, V, F, F
3. V, F, F, V
4. b
5. c

Capítulo 6

Atividades de autoavaliação

1. V, V, V, V
2. V, F, F, F
3. V, V, F, F
4. b
5. a

Nota sobre as autoras

Luzia Schalkoski Dias é graduada em Letras Português-Espanhol pela Universidade Federal do Paraná (UFPR) e fez mestrado e doutorado em Letras – Estudos Linguísticos na mesma instituição. Atualmente, é professora do Centro Universitário Uninter e da Pontifícia Universidade Católica do Paraná, atuando em cursos de graduação e pós-graduação nas áreas de linguística, língua portuguesa e língua espanhola. É autora do livro *Gramática y vocabulario: desde la teoría hacia la práctica en el aula de ELE* e coautora do livro *Psicolinguística em foco: linguagem, aquisição e aprendizagem*, ambos publicados pela Editora InterSaberes, em 2013 e 2014, respectivamente.

Maria Lúcia de Castro Gomes é graduada em Letras Português-Inglês pela Faculdade Estadual de Filosofia, Ciências e Letras de Cornélio Procópio, especialista em Administração de Recursos Humanos, mestre em Estudos Linguísticos pela Universidade Federal do Paraná (UFPR) e doutora por essa mesma instituição, também em Linguística. Com larga experiência na formação de professores de línguas, hoje atua no cargo de professor adjunto na Universidade Tecnológica Federal do Paraná (UTFPR). É autora do livro *Metodologia do ensino de Língua Portuguesa*, publicado pela Editora InterSaberes, e uma das organizadoras e autora de artigos do livro *O jeitinho brasileiro de falar inglês: pesquisas sobre pronúncia do inglês por falantes brasileiros*, da Editora Pontes. Atualmente concentra seus interesses de pesquisa na fonética e fonologia de língua materna e estrangeira e, mais recentemente, na fonética forense.

Impressão:
Fevereiro/2023